1887년 출간된 이 책을 시작으로
에스페란토 언어 세계가 펼쳐졌다!

국제어 에스페란토

INTERNACIA LINGVO ESPERANTO

서문 · 완전학습서

에스페란토 박사(D-ro ESPERANTO) 지음

국제어 에스페란토(서문 · 완전학습서)

인 쇄 : 2021년 9월 23일 초판 1쇄
발 행 : 2021년 9월 30일 초판 1쇄
지은이 : 라자로 루도비코 자멘호프(Lazaro Ludoviko ZAMENHOF)
옮긴이 : 이영구(Enespero) · 장정렬(Ombro)
표지디자인 : 노혜지
펴낸이 : 오태영(Mateno)
출판사 : 진달래
신고 번호 : 제25100-2020-000085호
신고 일자 : 2020.10.29
주 소 : 서울시 구로구 부일로 985, 101호
전 화 : 02-2688-1561
팩 스 : 0504-200-1561
이메일 : 5morning@naver.com
인쇄소 : TECH D & P(마포구)

값 : 12,000원
ISBN : 979-11-91643-15-2(03790)

1887년 출간된 이 책을 시작으로
에스페란토 언어 세계가 펼쳐졌다!

국제어 에스페란토

INTERNACIA LINGVO ESPERANTO

서문 · 완전학습서

에스페란토 박사 지음
이영구 · 장정렬 옮김

진달래 출판사

D-ro ESPERANTO

INTERNACIA LINGVO ESPERANTO

Antaŭparolo kaj Plena Lernolibro

por Kore‚o‚j

Por ke la lingvo estu tutmonda,
ne sufiĉas nomi ĝin tia.

Enespero · **Ombro** tradukis

Prezo 12,000 Ŭonoj

SEULO

Eldonejo Zindale

2021

헌　사

Al

D-ro L.L. Zamenhof, Kreinto de Esperanto;

Koreaj pionioroj de Esperanto-movado;

kaj geesperantistoj

tiun ĉi tradukon dediĉas

la tradukintoj

Seulo, 15, Decembro, 1988(la unua eldono)

Seulo, 30, Septembro, 2021(la dua eldono)

이 번역을

에스페란토 창안자이신 자멘호프 박사와

한국 에스페란토 운동의 선구자들,

또한 모든 에스페란티스토에게

바칩니다.

1988. 12. 15.(초판)

2021. 9. 30.(재판)

LAZARO LUDOVIKO ZAMENHOF

(la 15-a de Decembro 1859 — la 14-a de Aprilo 1917)

추 천 사

한국에스페란토협회

명예회장 정원조

"지금 이 작은 책자를 손에 든 독자들께
서는 제가 불확실하고 실현 불가능한 유
토피아를 제안하는 것으로 생각할지 모
르겠습니다. 저는 먼저 독자들이 편견을
버리시고 이 책이 제안하는 바를 진지하
고도 비판적으로 숙고해 주시길 부탁드
립니다."

어린 시절부터 꿈꿔왔던 국제어를 처음으로 『우누
아 리브로』(Unua Libro: 제1서)를 통해 발표하면서
자멘호프 박사는 서문을 이렇게 시작하고 있습니다.
자신이 창안한 새로운 언어에 동의하여 기꺼이 책을
출판해 줄 독지가를 찾지 못한 그는 결국 평생의 동
반자이자 국제어의 열렬한 지원자였던 아내 클라라 질
베르니크의 결혼 지참금으로 이 책을 발행할 수 있었
습니다. 이 책은 마치 세종께서 한글을 창제하고 처음
세상에 내놓은 훈민정음처럼 에스페란토 역사를 통틀
어 가장 역사적인 책입니다.

그가 창안한 국제어 에스페란토가 이 『우누아 리브로』(Unua Libro: 제1서)를 통해 세상에 알려졌고 전 세계 수백만의 에스페란토 사용자들이 이 책을 통해 배출될 수 있었기 때문입니다.

자멘호프 박사는 이 책을 통해 첫째, 국제어는 우선 배우기 쉬워야 하며 둘째, 즉시 국제적 의사소통에 사용될 수 있어야 할 뿐 아니라 셋째, 세상의 무관심을 극복하기 위한 수단으로 많은 사람이 이 언어를 살아있는 언어로 활용해야 한다고 주장했습니다. 그는 이 책의 서문에서 밝힌 바와 같이 세상 사람들이 국제어를 이상주의자의 허망한 시도가 아닌 진지하고도 비판적 시각으로 봐 줄 것을 주문하고 있습니다. 언어란 인류문화의 원동력이며 인간은 언어 때문에 동물과 차별을 갖는다고 생각한 자멘호프는 자신이 창안한 에스페란토가 이민족(異民族)간의 단순한 의사소통의 도구를 넘어서 "민족 간의 평화"를 실현하는 도구로 사용되길 갈망했습니다. 열아홉 살이었던 1878년, 고등학교 졸업반 시절 이미 국제어 초안을 완성하고 친구들과 마련한 조촐한 축하의식에서 그가 발표했던 다음과 같은 시는 에스페란토가 단순한 언어 그 이상임을 역설합니다.

Malamikeco de la nacioj
Falu, falu jam temp' estas!
La tuta homaro en familio
Kununuigi sin devas.

민족 간의 증오는
사라져라, 사라져라. 이미 때는 왔나니!
온 인류는 한 가족으로
뭉쳐야 한다.

  에스페란토를 학습한 지 50년이 지난 저 자신은 아직 전 세계 모든 에스페란티스토들의 창세기인 이 역사적인 책 『우누아 리브로』(Unua Libro: 제1서)를 제대로 읽지 못했습니다. 이유는 이 책이 1887년 처음 러시아어로 발표된 이후 이어서 폴란드어, 독일어, 프랑스어, 영어로 번역출판 되었고, 이웃 일본에서는 1973년에 루도비키토(ludovikito)가 영인본 『unuaj libroj por esperantistoj』을 발행했으나, 아직 우리나라 말로는 번역된 책이 없었기 때문입니다.

  그런데 이 책이 발행되고 101년이 되는 1988년 이미 우리나라 말로 번역된 바 있었다는 사실을 부끄럽게도 늦게서야 알고 열심히 정독한 바 있습니다. 이제 그로부터 다시 30년이 지나 이 책이 재발행되게 됨을 국내의 모든 에스페란티스토들과 함께 기쁘게 생각합니다.

  특히 존경하는 **이영구, 장정렬** 두 교수님의 열정으로 이 귀한 역서를 접할 수 있게 되어 두 분께 진심으로 감사드립니다.

이영구 교수님은 한국에스페란토협회 회장의 중책을 세 번이나 맡으면서 수천 명의 세계에스페란토 사용자들이 한자리에 모이는 제102차 세계에스페란토대회(2017년)를 국내에 유치하여 성공적으로 치러내셨습니다. 한편 재직하는 한국외국어대학에서 에스페란토 학습서를 집필하고 강의를 통해 많은 후학을 길러내셨습니다.

장정렬 교수님은 국내 에스페란티스토로서는 드물게 가장 많은 에스페란토 원서들을 한국어로 번역 출판하여 명실공히 실력 있고 명망 있는 에스페란토 번역가로서의 입지를 다지신 분입니다. 이 두 분의 노력을 통해 우리는 이 역사적인 『우누아 리브로』(Unua Libro: 제1서)를 손에 쥐게 되었습니다.

아무쪼록 이 책을 접하는 국내 독자들은 이 책을 정독하시고 이 책이 갖는 역사적 의미뿐만 아니라 자멘호프 박사의 언어를 통한 박애, 평화의 정신을 다시 한번 생각하게 되길 바랍니다.

2021.09.01

역자의 말(재판에 부침)

지금으로부터 꼭 134년 전인 1887년 7월 26일 폴란드의 안과 의사 자멘호프(Ludoviko Lazaro Zamenhof: 1859~1917) 박사가 자신의 첫 국제어 에스페란토 학습서 『국제어 Internacia Lingvo *antaŭparolo kaj plena lernolibro)*』를 에스페란토 박사라는 익명으로 발표했을 때 "국제어는 모든 나라의 국어와 같이 모든 사람의 공유물이며, 창안자는 이에 대한 모든 권리를 포기한다"고 선언함으로 해서 에스페란토는 이미 인류의 공동 재산이 된 것입니다.

그가 전 생애를 바쳐 국제어를 만들려고 한 동기속에는 자신의 고향인 비알리스토크라는 조그만 도시에 러시아인·폴란드인·독일인·유대인 등 여러 종족으로 구성되어 있고, 그곳의 언어가 서로 달라 상호간의 몰이해로 늘상 불화와 적대감이 팽배되어 있어, 자연히 증오와 대립이 끊이지 않아, 이러한 불행의 주된 원인이 언어의 이질성에 기인한다고 생각하고, 하나의 중립적인 공통어에 관한 관심을 가졌습니다. 그래서 그는 마침내 인간의 소통을 해결하고 한 가족으로서 인류가 평화롭게 살기 위하여 국제어를 창안 발표한 것입니다.

에스페란토는 참으로 정치, 사상, 민족, 국가, 종교, 문화 등 모든 면에서 어느 한쪽에 속하지 않고서 중립적이며, 최소한의 문법과 어휘를 토대로 최대한의 언어 원칙을 포함하면서, 인간의 모든 사상 가정 및 문학적 표현을 다 할 수 있는 기능을 갖추고 있는 실로 이상적인 언어입니다.

당시 이 『국제어 Internacia Lingvo *antaŭparolo kaj plena lernolibro)*』는, 1888년 『두아 리브로』(Dua Libro: 제2서)가 나옴에 따라, 『우누아 리브로』(Unua Libro: 제1서)라는 별명을 갖게 되었습니다.
이 책은 그의 모든 언어적 논증을 제시해 주었고, 동시에 국제어에 대한 올바른 이해와 확신을 가져다주었습니다. 이 책은 "약속"을 보내 달라는 제안으로 새로운 국제어의 지지자를 모으는 운동을 전개했으며, 1905년 볼노뉴수르메르에서의 제1차 세계에스페란토대회를 개최할 수 있는 역사적 단서를 제공해 주었고, 헥토르 호들러에게도 세계에스페란토협회의 창설(1908년)을 가능하게 했습니다.

이 『우누아 리브로』(Unua Libro: 제1서)는 맨 먼저 러시아어로 출판되었으며, 같은 해에 폴란드어, 불어, 독일어 등 수많은 언어로 발행되었는데, 1887년 처음 출판된 제일서의 크기는 약 20.5cmx15cm 였으며, 이에 따라 출판물 모두 자멘호프 박사의 부인인 질베르니크(Klara Silbernik)의 지참금에서 도움을 받아

바르샤바의 히리스티안 켈테르(Ĥristian Kelter)라는 출판사에서 인쇄되었습니다.

이 번역의 첫걸음은 이러합니다. 에스페란토 발표 100주년(1987년)을 기념하기 위하여 의미있는 사업을 모색하던 중 1985년 가을 『우누아 리브로』(Unua Libro: 제1서)를 한국어 번역판으로 소개하면 새로운 감동을 가져다줄 것이라고 역자들은 서로 공감하면서, 이 책 번역을 결정하고, 이어 여기에 세계에스페란토협회(UEA), 일본에스페란토학회(JEI)에 관련 문건의 참고를 위해 협조를 요청했습니다.

그렇지만 초판 번역하는 과정에서 적지 않은 어려움에 봉착했습니다. <초판번역본>(1988년)을 다시 뒤적여 보니, 역자들이 저자의 <서문>을 번역하면서도 주어와 술어가 제대로 옮기지 못한 곳도 여럿 발견하였고, <서문> 중 '문례' 부분의 우리말 번역이 빠져 있음도 발견하였고, <완전학습서> 뒤편의 '에스페란토-한국어 사전'에서도 '에스페란토-폴란드어 사전'의 원문 표제어가 일부 빠져 있고, 표제어의 설명 또한 부족한 부분과 인쇄 과정에서의 오류 또한 여럿 있었던 것을 발견하였습니다.

<초판번역본> 이후 한 세대가 지난 올해, 우리 협회의 여러 회원들이 『우누아 리브로』(Unua Libro: 제1서)를 배우는 열기가 높아져 가고 있어, 이 시점에 역자들은 <초판번역본>의 오류를 정정하여 <재판번역

본>을 낼 필요성의 기회로 삼았습니다.

30년 전의 출판환경은 오늘날의 출판환경과 많이 달랐습니다. 오늘날에는 컴퓨터와 인터넷을 이용한 검색 도구도 다양해졌습니다. 그래서 역자들은 <재판번역본>에서는 1) <초판번역본>의 오류를 바로잡고, 2) 저자의 문체를 독자가 이해하기 쉽게 하려고 번역문을 갈무리하고, 3) <서문> 중 '문례'의 에스페란토 원문에 이어 우리말 번역을 더했고, 4) 부록으로 <폴란드어판>과 <에스페란토판>을 추가했습니다.

이러한 번역과 출판 작업에는 한국에스페란토협회 여러분의 도움이 있었습니다. <재판번역본>이 마무리되는 시점에 정원조 명예회장은 추천사를 기꺼이 써서, 역자들을 격려해 주셨습니다. 박기완 교수의 『우누아 리브로』(Unua Libro: 제1서) 특강자료에서 도움도 받았으며, 허성 화백의 자멘호프 초상화 또한 <재판번역본>을 더욱 우아한 모습을 갖게 해 주었음에 감사를 드립니다.

<초판번역본>(1988년)은 당시 대한출판문화협회 김세연 선생의 도움을 받아 출판사 <예인들>에서 나왔고, 그로부터 33년이 지나 <재판번역본>을 낼 수 있었던 것은 한국에스페란토협회 평생회원이자 진달래출판사 대표 오태영(Mateno)의 배려에 힘입은 바 크기에, 이에 심심한 감사의 마음을 표시합니다.

참고적으로 역자가 선택한 기본 텍스트 『unuaj libroj por esperantistoj』는 1973년 일본 카메오카 (Kameoka)에서 루도비키토(ludovikito)가 텐세이샤 (Tenseisa)출판사에서 발행한 것입니다.

1988년 12월 15일 서울
2021년 9월 30일 서울과 부산에서
역자 일동

●일러두기●

이 책은 뭐예요?

이 책은 자멘호프 박사가 '에스페란토(희망하는 사람) 박사(D-ro Esperanto)'라는 필명으로 1887년 발표한 『국제어』를 한국어로 번역한 책입니다. 이 번역본은 에스페란토를 이해할 수 있는 나침반이자 평화의 언어 에스페란토 세계에 입문할 수 있는 가이드북이기도 합니다.

왜 이 책을 번역했어요?

에스페란토 사용자를 에스페란티스토라고 합니다. 우리나라에는 에스페란토 사용자들이 수천 명이고, 이 사용자들을 중심으로 사단법인 한국에스페란토협회가 설립되어 에스페란토의 보급, 국제교류, 세계 평화를 위해 앞장서고 있습니다. 에스페란토를 학습한 분들이 에스페란토를 기반으로 국제사회에서 한국인으로서의 위상을 드높이고 있습니다. 세계에스페란토협회의 임원 중에 한국인들의 비중이 늘어나고 있습니다.

에스페란토-한국어 사전을 편찬한 분도 있고, 에스페란토 초급 중급 교재를 발간해 후학 양성을 위해 애쓰시는 분들도 있습니다.

우리나라에 에스페란토가 보급된 지 어언 100년이 넘었습니다. 올해 한국에스페란토협회에서는 『한국에스페란토운동100년』(1920-2020) 책을 최근 발행했습니다.

그래서 저희 역자들은 1988년 발간한 『국제어 에스페란토』를 다시 한번 깁고 더해 재출간하는 것은 한국 에스페란토 운동 100년사에 있어, 뜻깊은 작업이라고 생각하게 되었습니다.

이 책의 독자는 누구일까요?

자멘호프 박사는 국제사회에서 언어가 다름으로 인해 인권과 평화와 언권(언어의 권리)이 위협받는 상황을 가만히 보지 못하고, 일반인이 제안하는 국제어를 만들기로 하고, 그 책이 바로 우리 역자들이 관심을 가진 『국제어 에스페란토(제1서)』입니다.

한국 사람이 이 책을 처음 대하면, 에스페란토라는 언어 세계에 들어가는 관문이 될 것이고, 더 나아가 에스페란토 학습을 통해 자신의 언어세계를 국제적으로 널리 펴고자 하고, 인류 평화와 중립어 사상과 자멘호프를 이해하려는 사람들이 이 언어를 배우는 계기가 되었으면 합니다. 독자 여러분이 곧 에스페란토 사용자로 될 가능성이 가장 높은 분들입니다.

자, 에스페란토 세계로 한번 들어와 보세요!

에스페란토, 그게 뭐예요?

자멘호프 박사는 자신이 젊음을 바쳐 국제사회의 상호소통의 도구로 국제어를 창안하고, 이를 1887년 국제어 에스페란토로 발표하고, 그 국제어 사상을 널리 알리고, 국제어 에스페란토의 문법체계와 에스페란토 창안 정신과 그 보급 방법을 책으로 펴냈습니다.

에스페란토는 이 책의 발간을 통해 각국의 수많은 사람이 배우기 쉽고 중립적인 국제어 에스페란토를 사용해 불편함이 없이 각종 모임과 공동생활을 영위하고 있습니다.

왜 이 책을 『우누아 리브로』(Unua Libro: 제1서)라고도 하나요?

그것은 에스페란토 역사에 있어, 자멘호프 박사가 1888

년 6월 『두아 리브로』(Dua Libro: 제2서, 1888년 1월 18일 검열허가)가 발간되고 나서 그 이전의 책을 『우누아 리브로』(Unua Libro: 제1서)로 부르게 되었습니다. 원래 이 『우누아 리브로』는 1887년 7월 26일 『러시아어판』를 필두로, 같은 해에 출간된 『폴란드어판』, 『프랑스어판』, 『독일어판』을 통틀어 말합니다. 1889년 『영어판』이 번역되어 나옵니다. 국제어 에스페란토를 러시아어, 폴란드어, 프랑스어 또 독일어로 언어체계의 설명 및 국제어 도입의 필요성을 역설하고, 에스페란토 배움을 위한 투표를 제안하는 내용입니다.

어떤 텍스트를 사용해서 번역했나요?

처음에 역자들이 텍스트로 삼은 것은 『unuaj Libroj por esperantistoj』입니다. 이 텍스트는 1973년 일본 교토(Kioto)의 "Eldonejo Ludovikito"에서 발간되었습니다. 본 <재판번역본>은 그 안의 『폴란드어판』, 『에스페란토판』에서 많은 아이디어를 얻었습니다.

나중에 역자들은 자멘호프 박사가 손수 번역해둔 1903년 『Fundamenta Krestomatio』 책자에 실린 『우누아 리브로』(Unua Libro: 제1서) 일부와, 『우누아 리브로』 전문을 ludovikito(Ito Kanzi, 일본의 자멘호프 연구가)가 정리해둔 『unuaj libroj por esperantistoj』를 기본 텍스트로 삼고, 이를 바탕으로 인터넷의 여러 자료를 참고로 했습니다.

역자들이 <재판번역본>에 <부록 1>로 『에스페란토판』(1903년)을 싣는 것은 에스페란토 역사에서도 중요한 의미가 있습니다.

자멘호프가 직접 『우누아 리브로』(Unua Libro: 제1서)를 에스페란토로 옮겨 『Fundamenta Krestomatio』(1903

년)에 발표해 두었기 때문입니다. 『에스페란토판』은 에스페
란토학을 공부하는 사람들에게는 중요한 사료 가치가 있습
니다.

또 <부록 2>에 『폴란드어판』(영인본)을 실은 것은 자멘
호프가 폴란드 바르샤바에서 『우누아 리브로』(Unua
Libro: 제1서)를 『러시아어판』으로 발간하고, 연이어 자국
어인 폴란드어로 발간하였기에, 이 『폴란드어판』은 자멘호
프가 살았던 폴란드라는 나라가 중요한 한 지점이라고 생
각하기 때문입니다.

**이 작품 번역과 관련해 에피소드는 없는가요? 관련 자료
는 어떤 것들을 챙겨 보았나요?**

이번 <재판번역본>(2021년)에서는 <초판번역본>(1988년)
의 내용을 좀 더 확충했습니다. **<재판번역본>에서는 크게
3부분으로 되어 있는데, 먼저 <국어번역본>을 배치하고,
『에스페란토판』을 중간에, 『폴란드어판』(영인본)을 뒤편에
배치해 두었습니다.**

『에스페란토판』(1903년)을 보면 오늘날의 에스페란토 모
습과 1887년의 에스페란토와는 몇 가지 다른 모습을 볼
수 있습니다. 이는 1887년 이후 1903년 당시까지 에스페
란토 언어 사용자들의 의견과 에스페란토 창안자 자멘호프
의 생각이 일치점을 찾은 결과입니다. 에스페란토 언중의
의견과 창안자의 의견이 소통점을 찾은 모습입니다.

예를 들어, 그 표기법에서도 에스페란토 발표 1년 뒤인
1888년 6월 『두아 리브로』(Dua Libro: 제2서)에서부터 변
경된 몇 개의 낱말(kian(변경전) →kiam(변경후), tian →
tiam, ĉian→ĉiam, ian→ iam, nenian→neniam)은 역자
주석의 형태로 설명을 붙여 놓았습니다.

다음의 자료를 통해 『우누아 리브로』(Unua Libro: 제1 서)의 『러시아어판』, 『폴란드어판』, 『프랑스어판』, 『독일어판』, 『영어판』과 『스웨덴어판』을 검색해 볼 수 있습니다.

『러시아어판』:
https://ru.wikisource.org/wiki/%D0%98%D0%BD%D0%B4%D0%B5%D0%BA%D1%81:Unua_Libro_ru_1st_ed.pdf.

Dr. Esperanto. Mezdunarodnyj jazyk. Predislovie ipolnyj uchebnik.por Rusoj. Varshava: Kel'ter 1887. 40p: (Repr.Helsinki: Setala 1948.).

『폴란드어판』:

Dr. Esperanto. Jezyk Miedzynarodowy. Przedmowa ipodrecznik kompletny. por Poloj. Warszawa: Kelter1887 40 p. (Repr. Warszawa: Polski ZwiezekEsperantystow 1984.)

Dr. Esperanto. Jezyk Miedzynarodowy. Przedmowa ipodrecznik kompletny. por Poloj. Warszawa: Kelter1887 40p. (Repr. Warszawa: Polski ZwiezekEsperantystow 1984.)

『프랑스어판』:

https://drive.google.com/file/d/0B3bwzubbm6eccjBxQ
1JacDF5aWM/edit?form=MY01SV&OCID=MY01SV&reso
urcekey=0-plSEr3rLFuU5Wr2A7PvUhA.

Elŝutebla kopio en la franca lingvo:
http://bit.ly/2tJ4YZQ.

Dr. Esperanto. Langue internationale. Preface
etmanuel complet por Francoj. Varsovie 1887:
(Kelter). 48p.

『독일어판』:

Dr. Esperanto. Internationale Sprache. Vorrede
undvollstandiges Lehrbuch. por Germanoj.
Warschau 1887:(Kelter). 48p. (Repr. Saarbrucken:
lltis 1968.)

『영어판』:

Angla traduko fare de R.H. Geoghegan, 1889:
http://bit.ly/2trvzqz
https://www.genekeyes.com/Dr_Esperanto.html#Cover.

Dr. Esperanto. International Tongue. Preface and
complete method edited for Englishmen by J. St.
por Angloj. Warsaw 1888: Kelter. 39p.

Dr. Esperanto's International Language. Introduction
& Complete Grammar. por Angloj. English ed. by
R.H. Geoghegan. Warsaw: Samenhof 1889. 40p.

『스웨덴어판』:

Dr. Esperanto. Internationelt SPRAK. Foretal por
Svedoj, G. henliclundquist Warschau, eldono sveda.
1889, El 『ludovikologia dokumentaro I unuaj libro
j』, 1991, eldonejo ludovikito, Japanio.

그밖에도 러시아의 연구 자료에는 『우누아 리브로』(Unua
Libro: 제1서)에 대한 여러 가지 재미난 에피소드가 들어
있습니다.
(http://miresperanto.com/biblioteko/albault/03.htm)

그리고 또 이 작품 번역과 관련해 더 할 말은 없나요?
　　첫째, 초판 번역에서는 원작자의 문어체, 만연체의 글
을 그대로 우리글에 반영했지만, 이번 **재판에서는 구어체
로 번역해, 이 에스페란토 사용설명서**를 쉽게 읽어 나갈
수 있도록 가독성을 높여 놓았습니다.
　　둘째, 원문의 문례(<주기도문>, <성서의 창세기 1장의
일부>, <친구에게 보내는 편지>, <나의 생각>, <하이네의
시>, <오, 나의 심장이여>)는 원문과 함께 번역문을 차례로
배치해 두었습니다.
　　셋째, <에스페란토-한국어 사전>(918개 어근)도 <에스
페란토-폴란드어 사전>의 표제어를 그대로 싣고, 이에 대
한 우리말 설명도 가능한 한 자세히 두었습니다. <에스페
란토-러시아어 사전>에는 propon(제안하다)와 spert(경험

하다), 이 두 낱말이 표제어로 실려 있었기에, 역자들은 이 두 낱말을 <에스페란토-한국어 사전>에 싣고, 역주를 달아 두었습니다.

넷째, 에스페란토를 함께 배우겠다는 <약속> 항목도 에스페란토 원문과 국어 번역을 순차적으로 배치해 두었습니다.

다섯째, **<16개 문법> 사항도** 역자들의 <초판번역본>에는 용례를 삽입하지 않아, 모호성이 높았으나, 이번에는 각 용례를 『**폴란드어판**』을 이용해 보충해 넣었기에, 초보자도 에스페란토 문법의 간결성을 이해할 수 있으리라 봅니다.

이 소책자 1권이면 에스페란토 학습을 시작해도 무리가 없지 않을까 하고 생각해 봅니다. 역자들은 이 소책자가 에스페란토에 입문하려는 사람들에게 기본적인 텍스트, 즉, 손에 잡은 열쇠가 되기를 기대합니다.

이 번역 작품과 관련해 역자에게 문의하고 싶은 독자들은 어떻게 하면 역자와 소통할 수 있나요?

이 책을 읽고 에스페란토에 대하여 궁금한 점은 역자((ykli@hufs.ac.kr, suflora@hanmail.net) 또는 사단법인 한국에스페란토협회(https://www.esperanto.or.kr/)로

연락주시면 감사하겠습니다.

차   례

검열 허가
바르샤바 1887년 5월 21일

☞모든 민족 말과 마찬가지로, 국제어는 사회적
자산이며, 저자는 영원히 이에 대한 모든 개인적
권리를 포기하고자 합니다.

서 문

　지금 이 작은 책 한 권을 손에 든 독자 여러분은 이 책이 뭔가 실현 불가능한 유토피아를 제안하려는구나 하는 선입견과 의구심을 품게 될 것입니다. 그래서 저는 무엇보다 먼저 독자 여러분이 이 같은 선입견을 버릴 것을 제안하고 싶습니다. 동시에 제가 제안하는 이 일을 비판적이고 진지한 태도로 바라봐 주시기를 독자 여러분께 부탁드립니다.

　저는 독자 여러분께 현재 어느 특정 민족에 속하지 않고서도 동시에 인류 모두의 평등한 권리가 될 자산을 하나 제안하고 싶습니다. 그렇다고 여기서 공동의 자산인 이 국제어를 도입해 쓰면, 우리 인류에게 얼마나 유익한지에 대해 장황하게 설명하지는 않겠습니다.
　우리는 평소 외국어 학습에 정말 많은 시간을 내어 왔음도 잘 알고 있습니다. 하지만, 그런 노력들에도 불구하고 우리가 자기 나라의 국경을 넘어 해외에 나가 외국 사람들을 만나보면, 서로 소통이 완전하지 못하는 현실 또한 분명히 알게 됩니다.
　더구나 한 나라의 문학 저작물이 다른 나라로 전파되는데, 수많은 시간과 수고와 물질을 사용한 끝에, 번역의 모습으로 우리에게 다가오기에, 해외 문학의 정수를 취하기란 정말 어렵습니다. 그러나 만일 국제어가 하나 있다면, 어떠한 저작물도 종국적으로 중립어인 이 언어로 번역되면, 사람들은 더 잘 또 쉽게 그 저작물을 이해할 수 있습니다. 더 나아가서 우리 모두가 국제적 성격의 저작물을 생각하고 있으면, 이를 곧장 그 국제어로 저술할 수도 있게 됩니다.

우리[1]가 인류 문학 중 지금까지 많이는 이해하지 못한 중국 문학의 장벽도 무너질 것입니다. 그렇게 되면 외국의 문학 자산도 우리 고유의, 일반 민중의 저작물처럼 똑같이 즐길 수 있습니다. 그렇게 되면 읽을거리도 모든 사람의 공동적 텍스트가 될 수 있으며 우리가 가진 교육, 이상, 신념과 목표도 공통성을 지향해 나아가, 우리 세계 시민 모두는 한 가족처럼 서로 가일층 가까워질 수 있습니다. 지금까지 우리는 우리가 가진 시간을 여러 언어를 배우느라 나눠 써야 했지만, 앞으로는 우리가 그런 언어 중 한 언어에만 적절히 집중하면 됩니다.

우리 중에는 우리 자신의 모국어조차도 완벽하게 구사하는 이가 많지 않아, 그 모국어 중에 어느 낱말은 그 정의한 뜻이 불충분해 여러 다른 민족어의 낱말이나 표현을 빌어와 표현하거나, 아니면 부정확한 채로 모국어 그대로 표현해 버리게 됩니다. 또 자신이 배워 익힌 외국어로도 자신이 뜻한 바를 정말 제대로 정확히 표현하지 못한 경우가 많아, 우리의 화법은 썩 매끈하지 못합니다.

그런데 만일 우리 모두에게 단지 두 가지 언어 -**모국어와 국제어**-만 있다면, 그 일은 달라질 것입니다. 그때 우리는 그 2개 언어를 더 잘 구사할 수 있고, 이 언어들에 더욱 심혈을 기울여 그 언어들을 완벽한 수준으로 활용할 수 있게 되어, 우리는 모두 지금보다 훨씬 더 높은 수준에 다가갈 수 있게 됩니다. 그때야말로 정말 우리가 쓰는 그 언어들이 우리 문명을 이끄는 핵심 원동력이 될 것입니다.

아시다시피, 우리는 언어가 있기에 동물보다 더 높은 위치

---

1) *역주: 당시 유럽인의 시각에서 본다면.

에 있습니다. 그래서 언어 수준이 높으면 높을수록, 그 높은 언어를 가진 민중은 더 빨리 발전할 것입니다. 언어들의 다름은 민족들을 구분함과 민족간의 상호 반목이 핵심이기에, 이 모든 것은 인간의 만남에서 맨 먼저 드러나기 때문입니다: 사람들이 사용하는 언어가 서로 다르면, 서로를 이해하지 못하고, 이 때문에 서로를 낯설게 대하려고 합니다.

우리는 첫 만남의 자리에서 대화의 상대방이 어떤 정치적 신념을 가졌는지, 태어난 곳이 어디인지, 수천 년 전의 조상이 어디서 거주했는지를 묻지 않습니다: 하지만 그 상대방이 말을 시작하게 되면, 우리는 그 상대방이 하는 말소리를 통해 상대방이 우리와는 다른, 낯선 사람이라는 것을 곧장 기억하게 됩니다.

서로를 이해하지 못하고 싸우는, 다양한 민족들로 구성된 사람들이 사는 도시나, 적어도 여러 언어가 공용어인 나라에 한 번 거주해 보려는 사람이 만일 있다면, 그는, 의심에 여지없이, **각 민족 구성원의 가정 생활에 훼방놓지 않으면서, 그 나라나 그 사회에 공통의 말이 될 국제어가 하나 있다면**, 우리 인류에게 얼마나 유용한지는 느끼게 될 것입니다.

결국, 국제어가 학문과 상업에 얼마나 유용한지를 -한마디로 말하면, 모든 분야에 두루 활용될 수 있으니- 제가 여기서 광범위하게 설명할 필요가 없습니다. 이런 문제를 한 번이라도 진지하게 고려해본 독자라면, 만일 우리에게 인류 공통어가 있다면, 누구나 그것을 배우는 수고에 기꺼이 동참하리라고 공감할 것입니다. 그러니 이 방향을 향해 나아가려는 아주 사소한 시도라도 그런 모든 시도는 주목받을 만합니다.

저는 독자 여러분께 지금 여기 제안하는 이 일에 제 삶의 가장 귀한 시절을 다 쏟아부었다고 말할 수 있습니다. 그래서 저는 독자 여러분들도 역시 이 일의 중요성을 다시 한번 인식하여 기꺼이 인내심을 갖고, 지금 제가 제안하는 이 작은 책자를 끝까지 읽어 줄 것을 희망합니다.

저는 여기서 지금까지 국제어 창안을 목적으로 이루어진 여러 가지 시안을 분석하지는 않겠습니다. 다만 이를 간단히 보면, 모든 국제어 시안들은, 혹은, 서로의 정말 긴급상황을 위해 만든 짧은 통신 체계이거나, 혹은, 가장 간소한 문법을 채용하면서도 낱말들도 임의로 고안해 낸 다른 낱말들로 대체해 놓은 것으로 이해할 수 있겠습니다. 또 어떤 부류의 시도는 너무 복잡하고 비실용적이라 그런 제안들이 출몰하자마자 소멸해 버렸거나, 또 다른 부류의 시도는 **나름 언어의 모습은 갖추었지만, 국제성은 전혀 내포하지 않았습니다**. 그런 시도를 한 창안자들이 자신이 만든 언어를 "세계어"라고 이름 지었지만, 그렇게 이름 짓는 것만으로 그쳤기에, 그 언어를 실제 사용하려 하면 소통이 전혀 안 됩니다! 어떤 언어를 세계어라 규정하는 것만으로 충분하다면, 누구나 개인별로, 자신의 희망에 따라 현존하는 모든 언어를 제각각의 세계어라고 제안할 수 있겠습니다. 그런 시도를 해 보는 것 자체가 세계사람 모두가 기꺼이 한마음으로 그 시안을 승인해 주리라고 믿는 얄팍한 희망에 근거를 두기 때문입니다. 그리고 그런 것을 세상 사람 모두가 한마음으로 기꺼이 동의하는 것 자체가 전혀 불가능하기 때문입니다. 왜냐하면, 누군가 이 세상에 무조건 유용한 것이라고 주장한다고 해서, 세상 사람이 그 사람 의견에 동조해 자신의 시간을 앞장서서 희생하려는 것에는 무관심하기 때문이며, 이런 시도들이 아무 성과가 없다는 것은 당연한 이치라고 할 것입니다. 다시 말해서, 대다수 사람은 이 같은 시도에 전혀 관심이 없고, 설사 관심이 있는 사람이라도, 그 창안자를 제외하고는, 아무도 이해 못하는 언어를 배우느라 시간 허비하는 것은 무모한 일이라고 생각하기 때문입니다. 보통 사람들은 "먼저 세상 사람들이", 또는, "수백만 명이 이 언어를 배워나갈 그때, 나도 그 언어를 배우겠다"라고 합니다. 또 앞서 많은 지지자를 확보하고 있었다 하더라도, 그게 다른 지지자들에게도 유용하다고 받아들이지 못한다면, 그게 비록 생겨나도 생명력은 없게 됩니다.

또한, 최근의 시안 중 하나인 "볼라퓌크"(*Volapük*)[2]가 사람들이 말하기를, 확실한 수효의 지지자들을 얻었다고 하던데, 이는 "세계어" 사상 자체가 매우 고상하고 매혹적이라, 그 선구자 정신에 스스로 열망을 가지려고 또 헌신하려는 사람들은 아마 이번 일은 성공하겠지 하는 희망으로 자신의 귀한 시간을 바치고 있기 때문입니다. 그러나 이 열광적인 사람의 수는 어느 정도의 수효에 도달하다가 정체할 것이고, 그렇게 적은 수의 사람들만 소통할 수 있다고 판단하면, 자기 시간을 낭비하지 않을 것입니다. 그러면 이 언어는, 앞선 시도들과 비슷하게, 전혀 영향을 끼치지 못하고 소멸하게 될 것입니다.

국제어에 관한 문제는 오랫동안 저의 생각을 지배하고 있었습니다. 그렇다고 제가 아무 성과 없이 소멸해 버린 그런 시도들을 한 창안자들에 비해 더 나은 자질도 갖추지 못했고, 더욱 온 힘을 제대로 기울이지 못한 점들을 깊이

---

2) *역주: 1879년 슐라이어(J.M. Shleyer)가 창안한 국제어.

생각하며, 이 일을 꿈꾸어 와도 제대로 마음을 정할 수 없어 그냥 시간만 보내며 지내야 했습니다.

그러나, 그런 깊은 생각의 결과로 몇 가지의 아이디어가 생각나, 이를 바탕으로 깊이 연구해 낼 용기가 생겼으며, 합리적 국제어 창제와 실용적 도입에 이르는 온갖 장애를 체계적으로 극복해 나가면 성공할 수도 있겠구나 판단이 들어, 이번에는 창안의 시간으로 넘어갔습니다.

이런 작업이 제게는 어느 정도 성공적이라 판단되어, 저는 지금 그 오랜 기간의 지속적인 노력의 결실을 세계의 여러 독자의 판단에 맡기고 싶습니다.

제가 해결해야 할 가장 중요한 문제는 다음 3가지 정도로 봤습니다.

(I). 이 언어는 사람들이 이 언어를 놀면서 다 배워낼 수 있을 만큼 특별히 쉬워야 합니다.
(Ⅱ). **이 언어를 다 배워 익힌 모든 사람은** 세상 사람들이 이를 받아들이고, 수많은 지지자를 확보하든 그렇지 않든 간에 동일하게, **다른 민족의 구성원들과 소통하며 곧장 사용할 수** 있어야 합니다.
즉, 이 언어는 처음부터 이미 또 특유의 언어 구성으로 국제간 상호 이해를 위한 실질적 수단으로 이바지할 수 있어야 합니다.
(Ⅲ). 세상의 무관심을 이겨내는 수단을 찾아냄과 동시에, 가능한 빨리 **다수의 사용자가** 제가 제안하는 **이 언어를 살아있는 언어처럼 쓰도록 시작하게 해야** 합니다. 궁극적으로는 내 손에 **열쇠**[3]를 가지지 않아도 상호 소통이 되

---

3) *역주: 사전 또는 단어장

어야 합니다. 수 세기에 걸쳐 나타난 수많은 시안(試案)이 "세계어"라는 이름을 너무 자주 붙이기도 하며 큰소리도 쳤지만, 이를 입증한 것이라곤 아무것도 없었습니다.

그래서 그 시안 중 어느 것도, 이미 말씀드린 문제 중 '하나' 이상을 해결하지 못했으며, 그 하나마저도 '**부분적으로**' 해결했습니다.

위에 제시한 3가지 주요 문제 외에도, 저는 다른 문제들도 여전히 물론 해결해야 했지만, 이는 본질을 벗어났기에 여기서는 말씀드리지 않겠습니다.

제가 위에 언급한 문제들을 어떻게 해결했는가에 대한 설명으로 넘어가기에 앞서, 저는 독자 여러분에게 이 문제들의 의미에 대해서 신중히 한 번 생각할 것을 요청합니다. 또 그 문제들을 독자 여러분이 보기엔 너무 단순하게 보인다는 이유만으로 제가 만든 해결책이 너무 간단히 해결했구나 하고는 여기지 마실 것을 또한 요청합니다.

제가 그렇게 요청하는 이유는, 복잡하고 방대하고, 또 어렵게 이해되는 일이면, 그런 일일수록, 수많은 사람이 그 일을 더욱 존경심으로 바라보는 경향이 있음을 잘 알고 있기 때문입니다.

제가 펴낸 이 작은 책자는 가장 간단하면서도 모든 이에게 가장 이해가 잘 되는 규칙들로 되어 있음에도 불구하고, 그런 부류의 사람들은 이 일을 멸시나 증오의 시각으로 바라보기 때문이며, 바로 그 간단함과 간결에 도달함 그 자체가 -사물의 복잡함을 가장 쉬운 형태로 분석해 낸 것- 바로 그 노력에서 가장 어려웠던 점임을 보여주는 것이기도 합니다.

I

첫 번째 문제를 저는 다음의 방식으로 해결했습니다.

(ㄱ) 저는 문법을 믿을 수 없을 정도로 간소화했으며, 더구나, 한편으로 낱말을 쉽게 기억할 수 있도록 현존하는 언어들의 정신을 바탕으로 삼고, 다른 한편으로 그러면서도 제가 제시하는 언어가 지향하는 명확함과 정확함 및 유연함 등을 전혀 **빼지** 않았습니다. "제가 제안하는 **이 언어의 모든 문법은 한 시간 동안에 정말 제대로 다 배워 익힐 수 있습니다.**" 이 문법을 대하면, 이 언어가 대단히 쉬운 언어라는 것에 모두가 명확히 동의할 것입니다.

(ㄴ) 저는 **단어형성 법칙**을 만들었습니다. 이를 기초로 새로 배워 익힐 낱말 수를 최소한으로 하여 언어 경제성을 도입했으며, 그렇다고 이 점이 풍부한 언어의 확장 가능성을 저버리지 않습니다. 정반대로 이 언어는 -한 낱말(어근)을 바탕으로 많은 다른 것(파생어나 합성어)을 도출해 내고, 이런 방식을 채용하면 그 낱말과 관련된 가장 미묘한 뜻의 차이도 표현할 수 있는 능력을 갖추게 되니- 가장 풍부한 자연어보다도 훨씬 더 풍부하다고 할 수 있습니다. 다시 말하자면, 저는 여러 접두사와 접미사를 사용해, 이것을 바탕으로 누구라도 한 낱말을 여러 개의 다른 낱말로, 즉 파생어를 만들 수 있습니다. 그러니, 그 해당 낱말들을 일일이 따로 배워 익힐 필요가 없습니다. 이 편리한 접두사[4]와 접미사[5]의 활용으로 낱말의 의미가 새롭게 독립적

---

4) *역주: 에스페란토에는 10개의 공식 접두사가 있다. bo(결혼으로 인

으로 생겨나며, 마찬가지로 그 점은 낱말 사전에도 적용해 둘 수 있습니다.

예를 들어보면 이렇습니다.

(1) 접두사 *"mal"*을 사용해 설명해 보겠습니다. 이 접두사는 이와 관련해 파생된 낱말의 '정반대'를 뜻합니다. 예를 들어 *"bona"*(좋다)라는 낱말을 알면, 우리 스스로 *"malbona"* (나쁘다) 라는 낱말을 연상할 수 있으니, 따로 "malbona"라는 낱말을 한 낱말로 따로 배워 둘 필요가 없습니다. 마찬가지로, *alta* (높다) - *malalta* (낮다); *estimi* (존경하다) - *malestimi* (경멸하다) 따위를 만들 수 있습니다. 따라서 *"mal"*이라는 낱말을 익혀 두면, 우리는, 예를 들어 *"malmola"* (단단하다)는 *"mola"* (연하다)와 연관되어 즉시 그 뜻을 알 수 있습니다. *"malvarma"* (차다), *"malnova"* (낡다), *"malpura"* (더럽다), *"malproksima"* (멀다), *"malriĉa"* (가난한), *"mallumo"* (암흑), *"malhonoro"* (불명예), *"malsupre"* (아래), *"malami"* (증오하다), *"malbeni"* (저주하다) 등과 같은 일련의 낱말도 배워 익혀야 하는 부담감에서 자유로워질 것입니다.

해 생긴 인간관계), ĉef(주요, 대표), dis(분산), ek(동작의 시작), eks(신분의 이전 상태), ge(남여 양성을 동시에 나타냄), mal(정반대), mis(잘못), pra(시간상으로 오래 전 상태), re(회귀, 반복).

5) *역주: 에스페란토에는 31개의 공식 접미사가 있다. aĉ(욕, 나쁨), ad(동작의 계속), aĵ(구체적 물건), an(구성원), ar(집합, 무리), ĉj(남성 애칭), ebl(수동의 가능), ec(추상화), eg(크다, 강하다), ej(장소), em(경향, 버릇), end(수동의 당위성), er(구성의 일부분), estr(우두머리), et(작다, 귀엽다), id(자손), ig(타동사로 만듬: ~하게 하다), iĝ(지동사로 만듬: ~이 되다), il(도구), in(여성), ind(수동의 가치), ing(부분을 감싸는 물건), ism(주의, 종교, 이념), ist(직업인, 주의자, 종교인), nj(여성 애칭), obl(배수), on(분수), op(수의 집합), uj(나라, 나무, 그릇), ul(성질을 가진 사람), um(특별히 나타내는 뜻이 없음).

(2) 접미사 "*in*"은 여성이나 짐승의 암컷을 나타냅니다. 따라서, "*frato*" (형제)를 알면, 우리는 이제 스스로 "fratino"(자매)라는 낱말을 만들 수 있으며, "*patro*" (아버지) - "*patrino*" (어머니), "*avino*" (할머니), "*filino*" (딸), "*fianĉino*" (약혼녀), "*knabino*" (소녀), "*kokino*" (암탉), "*bovino*" (암소) 등의 낱말도 자연스럽게 익히게 됩니다.

(3) 접미사 "*il*"은 도구를 나타냅니다. 예를 들어 *tranĉi* (자르다) - *tranĉilo*(칼); *kombilo*(빗), *hakilo*(도끼), *sonorilo*(종), *plugilo*(쟁기), *glitilo*(썰매) 등의 낱말도 자연히 익힐 수 있습니다.

다른 접두사와 접미사도 이와 마찬가지입니다.

그 밖에도 저는 이미 국제적으로 널리 알려져 쓰이는 낱말들(이를테면 외래어)은 이 **국제어 철자법**6)을 적용해, 이 국제어에서는 그 형태를 되도록 변하지 않게 하는 공통 규칙7)을 마련하였습니다. 그런 방식으로 하면, 수많은 낱말을 새로 다시 배워 익힐 필요가 없습니다. 예를 들면 기관차는 *lokomotivo*, 편집부는 *redakcio*, 전신은 *telegrafo*, 신경은 *nervo*, 온도는 *temperaturo*, 중심은 *centro*, 형태는 *formo*, 대중은 *publiko*, 백금은 *plateno*8), 식물학은 *botaniko*, 모양은 *figuro*, 객차는 *vagono*, 희극은 *komedio*, 개발(채굴, 착취)하다는 *ekspluati*, 낭독하다는 *deklami*, 변호사는 *advokato*, 박사는 *doktoro*, 극장은

---

6) *역주: 에스페란토 철자법을 말함.
7) *역주: 외래어를 에스페란토로 표기할 때, 국제적으로 공통적인 부분을 어근으로 취한다. 어미는 에스페란토 어법에 맞게 함.
8) *역주: 에스페란토 원문에는 *platino*라고 표기되어 있으나, 역주9)의 폴란드어 'platyna'의 뜻이 백금이기에 *plateno*로 번역함.

teatro 등9)을 적용할 수 있습니다.

이 언어가 위에서 설명한 규칙들을 갖고 있고 여전히 몇 가지 특성을 갖춘 덕분에, 제가 여기에 그 점을 상세히 언급하지 않아도 될 만큼, 이 언어는 특별히 쉽게 되어 있습니다.

이 언어는, 특별한 능력이나 머리를 쓰는 일 없이, 매우 적은 수의 기본 낱말을 배워 익히고 이를 정의된 규칙에 적용하기만 하면, 필요로 하는 모든 종류의 낱말과 모든 종류의 표현과 모든 종류의 문장을 만들 수 있습니다. 더구나 이 작은 책자의 뒤편에 있는 **에스페란토 사전**을 보시면, 이렇게 적은 수의 낱말조차도 어느 정도 학식을 갖춘 독자라면 이를 배워 익힘에는 그리 어렵지 않음을 파악할 수 있습니다.

발음의 소리가 듣기 좋고, 어휘가 풍부하고, 모두가 쉽게 이해될 수 있는(그 이유는 아래를 계속 읽어가면 됩니다) 이 언어를 배워 익힘에는, 당연하게도, 다른 언어들처럼 그렇게 여러 해가 걸리지 않습니다.

간단히 말해, 이 언어를 배워 익히는 데는 **며칠이면** 충분합니다. 그러면, 독자 여러분은 이를 확인해 볼 수 있을 것입니다. 그것은 지금 이 작은 책자 뒤편에 **완전학습서**가 붙어있기 때문입니다.

---

9) *역주:해당 낱말의 폴란드어 형태를 유심히 살펴보기 바랍니다. *lokomotywa, redakcja, telegraf, nerw, temperatura, centr, forma, platyna, botanika, figura, wagon, komedja, eksploatować, deklamować, adwokat, doktór, teatr.*

II

두 번째 문제를 저는 다음의 방식으로 해결했습니다.

(ㄱ) 저는 사람의 언어를 표현하는 문장들을 완전 분해하면서 문장의 각 성분 요소들을 독립 낱말10)들로 구성해 두었습니다, 이는, 문장 전부가, 다양한 문법 형태를 가진 낱말들로 구성하는 것이 아니라, 변하지 않는 형태11)의 낱말들로만 이루어지도록 해 놓았습니다.

만일 독자 여러분은 제가 제안한 이 언어로 된 저작물을 손에 들고 있다면, 그 문장 속의 모든 낱말이 **언제나** 또 **유일하게** 하나의 일정한 형태로, -다시 말해, 그 낱말이 사전의 표제어 항목처럼- 되어 있음을 발견하게 됩니다.

그리고 여러 문법 형태나 낱말들 사이의 상호 관계 등은 변하지 않는 낱말들과의 결합12)으로 표현됨을 볼 수 있습니다. 그러나 국제어의 이 같은 구성이 유럽사람들에게 전혀 새롭고, 낯선 모습이기에, 이 언어의 문장을 분해하면서 여러 유럽어들의 정신에는 맞게 만들어 두었습니다.

그래서 만일 누군가 이 언어를 이 학습서로 배울 때, 먼저 이 **서문**을 읽지 않은 채로 -서문은 이 언어 학습을 위해 꼭 읽어야 할 필요는 없지만- 학습을 시작해도, 이 언어 구조가 자신의 모국어 구조와 뭔가 달라 있어도 전혀 놀라지 않을 겁니다.

---

10) *역주: 어근을 말함.
11) *역주: 어근을 말함.
12) *역주: 예를 들면, 어근+어미, 접두사+어근+어미, 어근+접미사+어미, 어근+어근+어미 등의 모습

예를 들면, "*fratino*"라는 낱말의 근원을 보면, 이 낱말은 실제로 3가지 낱말의 조합임을 알 수 있습니다.

즉, *frat* (형제/**어근**)와 *in* (여성/**접미사**), 또 *o* (존재함/**명사어미**) (=형제자매 중에 여성인 사람, 즉, 자매)로 이해할 수 있습니다. 그래서 학습서에서는 다음과 같이 설명하고 있습니다. '형제'에 해당하는 표제어는 *frat*(낱말의 어근)로 나타납니다. 모든 낱말의 주격[13]은 명사어미 "*o*"로 **끝납니다**. 따라서 형제라는 낱말이 주어(또는 주격)로 사용될 때는 *frat(어근) + o(주격 어미)= frat,o*가 됩니다. 형제라는 낱말의 여성형은 접미사 "*in*"을 첨가해, *frat,in,o*가 됩니다. 그리고 이 **기호(.)**는 이 낱말의 여러 문법 요소를 구분해 줍니다.

그런 식으로 하면, 이 언어의 단어들을 분석하는 방법은 이를 배우는 이를 결코 당황하게 하지 않을 겁니다.

그래서 배우는 이는 어미(낱말의 어근 뒤에 위치), 접두사(낱말의 어근 앞에), 접미사(낱말의 어근 뒤에)라고 하는 것들이 제각각 독립적 낱말이 되어 언제나 똑같은 뜻을 갖고, 그것들이 낱말의 끝에 오든, 낱말의 처음에 오든, 또는 독립적으로 쓰이든, 똑같이 평등해, 평등한 권리를 가진 각 낱말은 어근이 될 수도 있고, 문장 성분이 되기도 합니다.

이 언어 구조를 이와 같은 방식으로 하게 된 것은, 독자인 여러분이 이 국제어로 써 놓은 모든 것을 누구나, 앞서 이 언어를 배우지 못했다 하더라도, 또한 이 언어가 있다는 것을 전혀 들어보지 못한 경우라 하더라도, 곧장 또는 완전히 정확하게(**열쇠**[14]**를 두 손에 가지고서** 또는 열쇠 없이 조차도) 이해할 수 있게 해 두었습니다.

---

13) *역주: 우리 말에서 ~'은/는/이/가'에 해당함.
14) *역주: 사전 또는 단어장

저는 이것을 예를 들어 설명하겠습니다.

가령 제가 러시아말을 한마디도 모르면서 러시아의 어느
도시에 있다고 합시다. 그때 제가 러시아의 어느 시민에게
다가가, 대화를 요청해야 할 필요가 생겼습니다.
그래서 저는 그 사람에게 쪽지로 다음과 같은 문장의 국제
어로 물어본다고 해 봅시다.

*Mi ne sci,as, kie mi las,is mi,a,n baston,o,n; ĉu vi
ĝi,n ne vid,is?[15]*

저는 그 상대방에게 **국제어-러시아어 사전**을 줍니다.
그리고 큰 글자로 된 다음 문장이 인쇄된 곳을 그 상대방
에게 보여줍니다:

**국제어로 표기된 모든 것은 누구나 이 사전의 도움으로 이
해할 수 있습니다. 파생어는 개별 사상을 나타내는 낱말들
이 함께 연결되어, 그 낱말들이 제각각 작은 기호(,)로 분
리되어 있습니다. 예를 들어 *frat,in,o*(자매)라는 낱말이 있
다고 합시다. 이 낱말은 한가지 사상을 나타내지만, 우리가
이 낱말을 이해하려면, 이 낱말의 전 요소 -3가지 요소-를
사전에서 각각 찾아야만 합니다.**

만약 함께 대화를 나눌 상대방이 이 국제어에 관해 전혀
들어본 적이 없다면, 그는 처음에 저를 보며 매우 당황스
럽게 바라볼 것입니다. 하지만, 그분은 제가 제시하는 쪽지
를 들고서, 사전에 명시된 방식으로 위의 문장에 해당하는
낱말들을 하나씩 찾아보면 다음과 같이 이해할 것입니다.

15) *역주: 나는 나의 지팡이를 둔 곳이 어디인지 모르겠습니다. 당신은
그것을 본 적이 있나요?

Mi	Ja	나는
ne	nje, njet	아니다
sci	znatj	알다
as	označajet nastojaŝĉeje vremja glagola	알고 있다

kie	gdje	어디
mi	ja	나는, 내가
las	ostavljafj(두다)	
is	označajef prošedscje vremja	두었다

mi	ja	
a	označajef pri lagatelnoje	
n	označajef vinitelni j padej	나의
baston	palka	지팡이
o	oznacajef suscestvitelnoje	
n	označajef vinitelni į padej	지팡이를

ĉu	li	그가 ~입니까
vi	vi, ti	당신은
ĝi	ono	
n	oznacajef vinitelnij padej	그것을
ne	nje	아니다
vid	vidjetj	보다
is	označajef prosedseje vremja	보았다.

이렇게 하면 그 상대인 러시아 사람은 제가 뭘 원하는지를 명백하게 이해할 것입니다.

또 마침 그때, 그 상대방은 제게 위의 질문에 답을 하려고 한다고 합시다. 그때 저는 그 상대방에게 **러시아어-국제어 사전**을 주면서, 다음과 같이 인쇄된 곳을 보여주기만 하면 됩니다:

만약 당신이 국제어로 뭔가를 표현하려면, 이 사전에서 해당하는 낱말들을 찾고, 또 이 언어의 문법 요소가 덧붙여 있는 곳을 보여주면서, 그곳에 그 상대방이 하고 싶은 말에 해당하는 문장의, 해당 문법의 어미를 찾기만 하면 됩니다.

이 학습서에서 독자 여러분이 보시는 바와 같이, 그 덧붙임에 해당하는 문법은 모두 합쳐도 그리 길지 않아, 그 대답에 해당하는 문법 형태나 어미를 찾는 일은 일반적 사전 찾기보다는 훨씬 더 적은 시간이 걸립니다.

저는 앞서 설명한 것에 대하여 독자의 관심을 돌리고자 합니다. 왜냐하면, 이것은 일견 매우 간단하게 보이지만 실제로 중대한 의미를 가지고 있기 때문입니다.

다른 언어의 경우에는, 당신이 그 언어를 배우지 않은 사람인 상대방과 말할 때, 그 상대방이 아무리 훌륭한 사전의 도움을 받는다 하더라도, 서로 이해할 가능성은 거의 없음은 너무나 당연합니다. 왜냐하면, 현존하는 언어 중에서 그 언어 사전을 활용하려면, 그 사람은 이 사전을 활용하기에 앞서, 그 언어에 대해 다소 알고 있어야 합니다.

주어진 낱말을 사전에서 찾아내려면, 그 사람은 그 낱말의 기본형을 반드시 알고 있어야 합니다. 게다가 연속적으로 연결된 대화에서는 모든 낱말이 보통 문법 요소에 따라 변화되어 있고, 그런 변화는 접두사나 접미사와 함께 연결

되어 있어도, 그 낱말의 기본형과는 전혀 다른 모습의 경우가 많습니다. 따라서, 만일 독자인 여러분이 앞서서 그 언어를 배워 알고 있지 않으면, 여러분은 그 언어 사전을 통해서는 거의 아무 낱말도 찾을 수 없고, 나아가 여러분이 찾게 될 그 낱말들조차 문장 속의 뜻을 전혀 이해하지 못하게 됩니다.

예를 들면, 제가 위에 제시한 그 러시아 문장을 독일말로 써본다면 *Ich weiss nicht wo ich meinen Stock gelassen habe; haben sie ihn nicht gesehen*가 됩니다. 그런데 만일 독일말을 모르는 사람이 사전에서 이 문장을 이해하려면, 다음을 찾을 것입니다. "**나는 희다 - 없다 - 어디 - 나는 생각하다 - 지팡이 또는 계단… 조용한 -가짐 -가지다 -그녀가 -? - 아니다 -? -**".

더구나 현존하는 언어들의 사전이 너무 방대해 두세 개 낱말을 그 사전에서 검색해 내는 일도 이미 피곤하게 됩니다. 하지만 제가 만든 국제어 사전은, 언어의 낱말 분류가 아주 잘 되어 있는 덕분에, 매우 작아 보여도 매우 편리하게 되어 있다고 해도 과언이 아닙니다.

다른 언어 사전들의 경우에는 한 낱말을 검색해 살펴보면, 그 뜻이 여러 가지라서, 이 가운데 정확한 것을 짐작으로 찾아내야 하는 어려움에 대해서는 더는 말하지 않겠습니다.

그러니, 만일 독자 여러분은 가장 이상적으로 간소화된 문법과 늘 일정한 뜻의 낱말들을 갖춘 언어를 한번 상상해 보기만 해도 이해가 더 잘 될 것입니다. -즉, 일반적인 언어의 경우에는, 만일 이를 편지에 적용해 보면, 독자 여러분이 편지를 누군가에게 보냈다고 하면, 그 편지를 받은 상대방이 사전을 검색해서 제대로 이해할 수 있으려면, 그 상대방은 그 편지를 이해하기에 앞서서 여러분이 보낸 편지에 쓰인 언어에 대한 문법을 이미 배워 두고 있어야 하고, 아울러 그 문장 속에 쓰인 낱말이 문법적 상황에 따라 형태가 바뀐 낱말이나 파생어나 합성어에서 그 낱말의 기본형을 구분해 낼 능력을 갖추려면 충분한 실용 경험이 반드시 있어야 합니다. -그러니 그다음엔 이 언어의 유용함이란 다시 이 언어를 지지하고 사용하는 이들의 수에 달려 있기에, 그 수가 부족하면 그 유용함 또한 소용이 없게 됩니다.

한 예를 들어보겠습니다.

기차 여행 중에 열차 칸에 앉은 채로 "우리는 *N* 역에서 얼마동안 정차합니까?"라는 말을 옆 좌석에 앉은 승객에게 어느 언어로 묻고 싶은데, 독자인 여러분이 그 승객에게 독자가 쓰는 언어 문법을 앞서서 배워 놓으라고는 제안할 수 없습니다.

그러나 이 국제어를 이용하면, 독자인 여러분은 그 승객이 어느 나라의 언어를 사용하든지 무관하게 그 승객과 즉시 소통할 수 있습니다. 비록 그 승객이 이 국제어를 배우지도 않았고, 아직 전혀 들어본 적조차 없다 치더라도 말입니다.

누구나 만일 자신의 손에 국제어 사전을 하나 들고 있으면, 국제어로 저술된 책을 어떤 앞선 준비나, 사전의 앞쪽에 놓인 사전 용법을 앞서서 살펴 읽을 필요성 없이도 자유로이 읽을 수 있습니다. 더구나 우리가 다음에 보게 될 이 언어 지식을 두루 갖춘 사람이라면 그 국제어 사전을 거의 사용하지 않아도 그 사람은 소통할 수 있게 되어 있습니다.

만일 독자인 당신이, 예를 들면, 스페인 마드리드에 있는 사람에게 국제어인 이 언어로 편지를 보낸다고 합시다.

그런데, 독자인 당신은 그가 쓰는 언어가 뭔지 모르고, 그 상대방 또한 독자인 당신의 말이 뭔지도 모르고, 또 독자인 당신은 그 상대방이 이 국제어를 아는지, 또한 이 국제어에 대해 들어보기라도 했는지 하는 의심을 가질 수 있습니다. -그런 당신이 그래도 용기를 내서, 당신이 쓴 이 국제어 편지를 그 마드리드 사람에게 이해할 것이란 확신을 가지고서 그 사람에게 이 국제어로 편지를 쓸 수 있습니다!

왜냐하면, 이 국제어가 분해가 잘되어 있는 언어 구조로 인해, 일상생활에 필요한 **사전 전부가** 이 책 부록에서 보는 바와 같이, 작은 책장 크기보다 크지 않아, 가장 작은 봉투에도 적절히 들어갑니다.

그리고 이 **사전은** 어떤 언어로 된 것이든지 몇 상팀[16]이면 구입할 수 있습니다. -그러니 독자는 이 국제어로 편지를 쓰기만 하면 되고, 그 편지 봉투 속에 이와 같은 작은 **사전**(에스페란토-스페인어)를 넣기만 하면 됩니다. -그러면 그 편지를 받은 상대방은 벌써 당신을 이해하고 있을 겁니다. 왜냐하면, 그 작은 **사전이** 그 편지에 대한 편리하면서도 충분한 **열쇠**[17]**가 되어**, 이 자체가 벌써 그 언어에 쓰이는 낱말들의 정의와 사용법을 설명해 주는 것과 같습니다. 낱말들이 서로 광범위하게 상호 합성되고 파생될 수 있는 덕분에, 이 작은 사전 하나로도 일상생활에 필요한 것은 뭐든 표현할 수 있습니다.

그러나, 물론 간혹 접하는 낱말들이나, 전문 기술 용어

---

16) *역주: 프랑스나 스위스 화폐 단위. 100분의 1프랑.
17) *역주: 사전이나 단어장

들(그리고 아마 모두에게 알려진 "외래어"도, 예를 들면, *tabako* (담배), *teatro* (극장), *fabriko* (공장)라는 낱말)은 이 작은 사전 속에 없을 수도 있습니다. 그런 경우에는, 만일 독자인 당신이 그런 낱말들을 꼭 사용해야 하고, 그것들은 기존 낱말들로 전체적으로 표현함이 불가능할 때는, 그때는 당신은 그 편지를 받을 상대방에게 전해줄 수 없지만 독자가 가진 **"큰" 사전**을 사용하면 됩니다. 그렇게 **큰 사전**의 도움을 받아, 독자의 편지 속에 외래어로 언급된 낱말 옆에 괄호를 만들어, 그 속에, 그 편지를 받는 이가 이해하는 언어로 그 낱말을 번역해 넣어 두면 됩니다.

(ㄴ) 따라서, 우리가 배우고 익히는 이 언어는 위에서 제시된 구성방식을 통해, 내가 원하는 상대방이 누구라도 소통할 수 있습니다. 한 가지 불편함이 있다고 한다면, 그것은, (이 언어를 공통으로 채택하기까지는) 내가, 그 상대방이 내 생각을 분석할 수 있을 때까지 매번 기다려 주어야 한다는 것입니다.

이 불편함 또한 되도록이면 없애보려고(적어도 교양이 있는 분들과 소통하는 경우) 저는 다음과 같은 방식으로 행동했습니다: 이 **작은 사전**에 쓰인 낱말들을 제가 임의로 선택해 만들지 않았습니다. 될 수 있는 한, 학식 있는 사람들이 널리 쓰고 있는 낱말들을 선정해 구성해 두었습니다.

그렇게 하여 모든 문명 언어들에서 평등하게 사용되는 낱말들은(이를테면 **"외래어"**와 **"기술용어"**) 그 형태를 아무 변화 없이 그대로 두었습니다.

각 나랏말에서 달리 소리가 나는 낱말들은 유럽어 중 주요 두세개 언어에서 공통부분을 취하고, 또 한 언어에 속해 있지만 다른 언어에도 널리 쓰는 것을 취했습니다.

그리고 각 언어에서 특정 낱말이 달리 소리가 나는 경우에
는, 가능한 의미만 가깝게 취하거나, 덜 자주 사용되어도,
주요 나라들에 널리 알려진 낱말을 선택하려고 애썼습니
다. (예를 들어, 모든 나라에서 "가깝다"라는 낱말이 각 나
랏말에서 달리 소리가 나지만, 만일 라틴말에서 "가장 가
까운"에 해당되는 *proximus*라는 낱말을 취한다면, 그때는
이 낱말이 나랏말에서 모양이 다양하지만, 그 주요언어들
에서 쓰임을 알 수 있고, 따라서 만일 제가 "가깝다"에 상
응하는 국제어 낱말을 *proksim*으로 정한다면, 교양있는
분들이라면 다소 쉽게 이해할 수 있습니다.) 기타 경우에도
저는 보통 라틴말을 거의 반(半)쯤은 국제화된 언어로 여겨
왔습니다. (저는 이 규칙을, 예를 들면 동음이의어를 피할
목적으로, 또는 철자법의 간편성을 특별히 필요한 경우에
는, 적용하지 않았습니다.)

　　그런 방식으로 하면, 국제어를 전혀 배우지 못해도, 중간
정도의 교양을 갖춘 유럽 사람들이라면, 편지 왕래 때, 그
상대방은 그 편지를 이해할 수 있음은 자명한 일이고, 또
그 상대방이 짐작하기 어려운 낱말이 너무 많아 **사전**을 일
일이 찾지 않아도 되는 일이라고 저는 확신합니다.

　　끝으로, 저는 독자인 여러분이 위에 제가 언급한 내용이
잘 이해될 수 있도록, 제 언어의 근본이 되는 국제어 문례
몇 가지를 소개해 드리겠습니다.[18]

---

18) *저자 주: 국제어 사용자들과 편지 교환을 할 때는, 문장에서 낱말
　　의 부분 부분에 들어 있는 기호(.)는 없애도 됩니다.

문 례

I . Patr‚o ni‚a.

Patr‚o ni‚a, kiu est‚as en la ĉiel‚o, sankt‚a est‚u Vi‚a nom‚o, ven‚u reĝ‚ec‚o Vi‚a, est‚u vol‚o Vi‚a, kiel en la ĉiel‚o, tiel ankaŭ sur la ter‚o. Pan‚o‚n ni‚a‚n ĉiu‚tag‚a‚n don‚u al mi hodiaŭ kaj pardon‚u al ni ŝuld‚o‚j‚n ni‚a‚j‚n kiel ni ankaŭ pardon‚as al ni‚a‚j ŝuld‚ant‚o‚j; ne konduk‚u ni‚n en tent‚o‚j sed liber‚ig‚u ni‚n de la mal‚ver‚a, ĉar vi‚a est‚as reg‚ad‚o, la fort‚o kaj la glor‚o etern‚e. Amen!

주기도문[19]

하늘에 계신 우리 아버지,
아버지의 이름을 거룩하게 하시며
아버지의 나라가 오게 하시며,
아버지의 뜻이 하늘에서와 같이
땅에서도 이루어지게 하소서.
오늘 우리에게 일용할 양식을 주시고,
우리가 우리에게 잘못한 사람을 용서하여 준 것같이
우리 죄를 용서하여 주시고,
우리를 시험에 빠지지 않게 하시고
악에서 구하소서.
나라와 권능과 영광이
영원히 아버지의 것입니다. 아멘.

---

19) *역주: 대한성서공회 공동번역(1977) <마태오의 복음서> 제6장 9
절~13절. 출처:
https://www.bskorea.or.kr/bible/korbibReadpage.php?version=CO
G&book=mat&chap=6&sec=1&cVersion=&fontSize=15px&fontWe
ight=normal

II. El la Bibli,o.

Je la komenc,o Di,o kre,is la ter,o,n kaj la ĉiel,o,n. Kaj la ter,o est,is sen,form,a kaj dezert,a kaj mal,lum,o est,is super la profund,aĵ,o kaj la anim,o de Di,o si,n port, is super la akv,o. Kaj Di,o dir,is: est,u lum, o; kaj far,iĝ,is lum,o. Kaj Di,o vid,is la lum,o ,n, ke ĝi est,as bon,a, kaj nom,is Di,o la lum,o,n tag,o kaj la mal,lum,o,n Li nom,is nokt,o. Kaj est,is vesper,o, kaj est,is maten,o ⁻unu tago. Kaj Di,o dir,is: est,u firm,aĵ,o inter la akv,o, kaj ĝi apart,ig,u akv,o,n de akv,o. Kaj Di,o kre,is la firm,aĵ,o,n kaj apart, ig,is la akv,o,n kiu est,as sub la firm,aĵ,o de la akv,o kiu estas super la firm,aĵ,o; kaj far, iĝ,is tiel. Kaj Di,o nom,is la firm,aĵ,o,n ĉiel,o. Kaj est,is vesper,o, kaj est,is maten,o ⁻ la du,a tag,o. Kaj Di,o dir,is: kolekt,u si,n la akv,o de sub la ĉiel,o unu lok,o,n, kaj montr,u si,n sek,aĵ,o; kaj far,iĝ,is tiel. Kaj Di ,o nom,is la sek,aĵ,o,n ter,o, kaj la kolekt,o,j, n de la akv,o Li nom,is mar,oj.

성서 '창세기' 중에서[20]

한 처음에 하느님께서 하늘과 땅을 지어내셨다. 땅은 아직 모양을 갖추지 않고 아무것도 생기지 않았는데, 어둠이 깊은 물 위에 뒤덮여 있었고 그 물 위에 하느님의 기운이 휘돌고 있었다. 하느님께서 "빛이 생겨라!" 하시자 빛이 생겨났다. 그 빛이 하느님 보시기에 좋았다. 하느님께서는 빛과 어둠을 나누시고 빛을 낮이라, 어둠을 밤이라 부르셨다. 이렇게 첫날이 밤, 낮 하루가 지났다. 하느님께서 "물 한가운데 창공이 생겨 물과 물 사이가 갈라져라!" 하시자 그대로 되었다. 하느님께서는 이렇게 창공을 만들어 창공 아래 있는 물과 창공 위에 있는 물을 갈라놓으셨다. 하느님께서 그 창공을 하늘이라 부르셨다. 이렇게 이튿날도 밤, 낮 하루가 지났다. 하느님께서 "하늘 아래 있는 물이 한 곳으로 모여, 마른 땅이 드러나라!" 하시자 그대로 되었다. 하느님께서는 마른 땅을 뭍이라, 물이 모인 곳을 바다라 부르셨다.

---

20) *역주: 대한성서공회 공동번역(1977) <창세기> 제1장 1절~10절. 출처:
https://www.bskorea.or.kr/bible/korbibReadpage.php?back=yes&version=COG&book=gen&chap=1&sec=1

III. Leter,o.

Kar,a amik,o!

Mi prezent,as al mi kia,n vizaĝo,n vi
far,os post la ricev,o de mi,a leter,o. Vi
rigard,os la subskrib,o,n kaj ek,kri,os; "ĉu li
perd,is la saĝ,o,n?! Je kia lingv,o li skrib,is?
Kio,n signif,as la foli,et,o, kiu,n li al,don,is al
si,a leter,o?" Trankvil,iĝ,u, mi,a kar,a! Mi,a
saĝ,o, kiel mi almenaŭ kred,as, est,as tut,e
en ord,o.
Mi leg,is antaŭ kelk,a,j tag,o,j libr,et,on
sub la nom,o "Lingv,o internaci,a". La
aŭtor,o kred,ig,as, ke per tiu lingv,o oni
pov,as est,i kompren,at,a de la tut,a mond,o,
se eĉ la adres,it,o ne sol,e ne sci,as la
lingvo,n, sed eĉ ankaŭ ne aŭd,is pri ĝi; oni
dev,as sol,e al,don,i al la leter,o
mal,grand,a,n foli,et,o,n nom,at,a,n
"vort,ar,o". Dezir,ant,e vid,i, ĉu tio est,as
ver,a, mi skrib,as al vi en tiu lingv,o, kaj mi
eĉ unu vort,o,n ne al,met,as en ali,a lingv,o,
tiel kiel se ni tut,e ne kompren,us unu la

lingv,o,n de la ali,a. Respond,u al mi, ĉu vi efektiv,e kompren,is kio,n mi skrib,is. Se la afer,o propon,it,a de la aŭtor,o est,as efektiv,e bon,a, oni dev,as per ĉiu,j, fort,o,j li,n help,i. kian[21] mi hav,os vi,a,n respond,o,n, mi send,os al vi la libr,et,o,n; montr,u ĝi,n al ĉiu,j loĝ,ant,o,j de vi,a urb,et,o, send,u ĝi,n ĉiu,n vilaĝ,o,n ĉirkaŭ la urb,et,o, ĉiu,n urb,o,n kaj urb,et,o,j,n, kie vi nur hav,as amik,o,j,n aŭ kon,at,o,j,n. Est,as neces,e, ke grand,eg,a nombr,o de person,o,j don,u si,a,n voĉ,o,n ⁻tian[22] post la plej mal,long,a temp,o est,os decid,it,a afer,o, kiu pov,as port,i grand,eg,a,n util,o,n al la hom,a societ,o.

---

21) *역주: 나중에 그 형태가 kiam으로 바뀜
22) *역주: 나중에 그 형태가 tiam으로 바뀜

편지

다정한 친구에게!

　나는 자네가 내가 보낸 이 편지를 받고서 어떤 얼굴 표정을 지을지 잠시 생각해 보았다네. 자네는 내 서명을 보고는, 이렇게 외칠지도 모르겠네: "이 친구가 정신이 있나? 아니면 정신이 어디에가 있나? 이 친구가 무슨 언어로 글을 써서 보낸 거야? 그가 이 편지에 동봉한 이 언어 사용 설명서라는 이 부전지는 도대체 뭐야?"

　친구여, 내 친한 친구여,

　잠시 진정하게! 내가 적어도 믿는 내 정신상태는 온전히 현명하니, 그 점은 걱정하지 말게.

　친구여, 나는 며칠 전에 『Lingvo Internacia』 (국제어)라는 이름의 작은 책자를 한 권 사서 읽어 보았다네. 그 책의 저자가 내게 설득하길, 이 언어를 배워 익힌 사람들은 세상의 다른 사람들과 소통할 수 있다고 했다네.

　만일 그 배운 이가 이런 식으로 편지를 보낸다면, 비록 그 편지를 받는 이가 처음으로 이 언어를 접하거나, 또 이 언어에 대해 전혀 지식이 없다해도 말이네.

　다만 그 편지 받은 이가 'vortaro'(사전)이라는 이름으로 된 이 작은 부전지를 그 편지에 동봉하기만 하면 된다고 그 저자는 말했네.

그래서 나는 그 저자의 말이 진실인지 아닌지 알아보려고 자네에게 이 새 언어로 편지를 한 번 써 보았거든.

내가 아는 이 언어를 제외하고는 우리가 다른 언어들은 전혀 모르고 있듯이 그런 식으로, 다른 언어로는 한 마디의 설명도 덧붙이지 않았다네.

그러니, 자네는 내게 대답해 보게,

정말 자네는 내가 쓴 편지를 실제로 이해할 수 있었는지를 나에게 알려 주게.

만일 그 저자가 제안한 그 일이 실제로 좋은 성과를 낸다면, 우리 독자들은 온 힘을 다해 그분의 뜻을 펼칠 수 있도록 도왔으면 한다네.

내가 자네의 회신을 받으면, 그때 나는 자네에게 내가 읽은 그 작은 책자를 보낼 작정이네.

그걸 받게 되면, 자네는 자네가 사는 소도시의 아는 사람들에게 그 책을 소개해 주게. 또 자네의 친구나 지인이 사는 도시나 읍내에도 이를 보여주세. 그렇게 하여 그 수많은 사람이 자신들의 각각의 의견을 내게 알려 주는 것이 필요하다네.

-가장 짧은 시절이 지난 뒤, 그때가 되면, 이 인류 사회에 아주 큰 유용함을 가져다줄 이 일은 결정적 사건으로 될 거네.

IV. Mi,a pens,o.

Sur la kamp,o, for de l'mond,o[23],
Antaŭ nokt,o de somer,o
Amik,in,o en la rond,o
Kant,as kant,o,n pri l'espe,r,o[24].
Kaj pri viv,o detru,it,a
Ŝi rakont,as kompat,ant,e –
Mi,a vund,o re,frap,it,a
Mi,n dolor,as re,sang,ant,e.

"Ĉu vi dorm,as? Ho, sinjor,o,
Kial tia sen,mov,ec,o?
Ha, kred,ebl,e re,memor,o
El la kar,a infan,ec,o?"
Kio,n dir,i? Ne plor,ant,a
Pov,is est,i parol,ad,o
Kun fraŭl,in,o ripoz,ant,a
Post somer,a promen,ad,o!

Mi,a pens,o kaj turment,o

---

23) *역주: l'mond,o= la mond,o
24) *역주: l'esper,o= la esper,o

Kaj dolor,o,j kaj esper,o,j!
Kiom de mi en silent,o
Al vi ir,is jam ofer,o,j!
Kio,n havis mi plej kar,a,n –
La jun,ec,o,n– mi plor,ant,a
Met,is mem sur la altar,o,n
De la dev,o ordon,ant,a!

Fajr,o,n sent,as mi intern,e,
Viv,i ankaŭ mi dezir,as, –
Io pel,as mi,n etern,e,
Se mi al gaj,ul,o,j iras...
Se ne plaĉ,as al la sort,o
Mia pen,o kaj labor,o –
Ven,u tuj al mi la mort,o,
En esper,o – sen dolor,o!

나의 생각

이 세상에서 멀리 떨어진 밭에
여름날 저녁이 되기 전에
우리 모임의 내 여자친구가
희망의 노래를 불러주네.
또 그녀는 망쳐버린 삶을
안타까워하며 얘기해 주네.-
그로 인해 내 상처가 되살아나
다시 피 흘리는 듯이 아파 오네.

"아, 친구, 그대는 자고 있나요?
왜 아무 움직임이 없나요?
필시, 그리운 어린 시절을
회상하고 있나요?"
뭐라 말할까?
울음 운다는 것은 아니 될 세.
여름날 산책을 즐긴 뒤
쉬고 있는 저 아가씨와 함께!

내 생각과 괴로움,
아픔과 희망!
침묵하는 내 모습 속에

얼마만큼의 희생이 전해졌을까!
나는 울며,
가장 귀한 나의 것 *-이 청춘을-*
부름을 받은 의무감의
제단 위에 올려 두었네.

안으로는 불길을 느끼고,
삶을 이어가기를 나는 원하네 -
만일 내가 유쾌한 이들에게 간다면,
뭔가를 이용해 나를 내쫓아다오...
만일 내 노력과 수고가
내 소명과 맞지 않는다면 -
곧장 죽음이여, 나에게 오라.
희망 속에 - 아픔은 없이.

V. El Heine'[25].

En song͵o princ͵in͵o͵n mi vid͵is
Kun vang͵oj mal͵sek͵a͵j de plor͵ad͵o -
Sub arb͵o, sub verd͵a ni sid͵is
Ten͵ant͵e si͵n kor͵o ĉe kor͵o.

"De l'patr͵o de l'vi͵a[26] la kron͵o
Por mi ĝi ne est͵as hav͵ind͵a!
For, for li͵a sceptr͵o kaj tron͵o -
vi͵n mem mi dezir͵as, am͵ind͵a!"

-"Ne ebl͵e!" ŝi al mi re͵dir͵as:
"En tomb͵o mi est͵as ten͵at͵a,
Mi nur en la nokt͵o el͵ir͵as
Al vi͵, mi͵a sol͵e am͵at͵a!"

---

25) *역주: Heinrich Heine(1797~1856). 독일의 서정시인. 이 시는 시인의 독일어 시집 『Buch der Lieder』(노래의 책)) 중 "Mir träumte von einem Königskind"을 자멘호프가 에스페란토로 옮김.
(출처:
https://cezarkulturo.blogspot.com/2012/04/poemtradukoj-de-ll-z
amenhof.html#!/2012/04/poemtradukoj-de-ll-zamenhof.html)

26) *역주: de l'patr͵o de l'vi͵a =de la patr͵o de la vi͵a

하이네 시에서

　꿈에서 나는 공주를 보았네
　- 울음으로 젖은 얼굴을 하고서
　- 나무 아래, 푸르른 숲 아래서
우리는 서로 가슴과 가슴을 기댄 채 앉아 있었네.

"그대 아버지께서 주시는 왕관을
　내가 가질 자격이 없어!
　그분의 왕홀과 왕좌는 필요없어요"
　-내가 원하는 것은, 사랑하는 그대뿐!"

-"아니 되어요, 불가능해요! " 그녀는 나에게 되
풀이해서 말하네.
　"무덤 속에 나는 갇혀 있어요,
　나는 밤에만 나갈 수 있어요.
　내가 오직 사랑하는 그대에게"

VI. Ho, mia kor'[27].

Ho, mia kor'.

Ho, mi,a kor', ne bat,u trankvil,e

El mi,a brust,o nun ne salt,u for!

Jam ten,i mi,n ne pov,as mi facil,e

Ho, mi,a kor'!

Ho, mi,a kor'! Post long,a labor,ad,o

Ĉu mi ne venk,os[28] en decid,a hor,o!

Sufiĉ,e! trankvil,iĝ,u de l' bat,ad,o,

Ho, mi,a kor'!

---

27) *역주: *kor' =kor,o* 마음, 심장. 이 시는 자멘호프의 전기작가이자
에스페란티스토인 에드몽 쁘리바(*E. Privat*)는 자신의 저서 『Vivo
de Zamenhof』에서 이 시는 작가가 "5층 건물 계단을 전력 질주하
여 문 앞에 바로 멈추어 섰을 때, 거친 숨을 몰아쉬며 내는 심장의
소리"라고 함.

28) *이 낱말이 원문에서는 *vink,os*로 **잘못 인쇄되었기**에 *venk,os* (승
리할 것이다, 이겨낼 것이다)로 바로 잡음.

오, 나의 심장이여

오, 나의 심장이여,
그렇게 흥분한 채 뛰지 말아다오.
지금 내 가슴에서 저 멀리로 뛰쳐나갈 생각은 말
아다오!
이제 더는 내 마음을 쉽사리 진정시킬 수 없으니
　　오, 나의 심장이여!

오, 나의 심장이여! 그 기나긴 각고의 노력 뒤에,
　　내가 결정적 순간 승리할 수 있지 않겠는가!
　　충분해!
뜀박질하는 벅찬 이 심장을 진정하게 해 다오,
　　오, 나의 심장이여!

Ⅲ

제가 창안한 언어의 주된 성질을 분석하는 일은 마쳤습니다. 저는 이 언어를 배우고 익힌 사람에게 이 언어가 어떤 편리성이 있는지를 설명해 드렸습니다. 저는 이 언어의 성공이 아무 사회관계에 의존하지 않는다는 점을 입증해 드렸고, 또, 예를 들면, 세계의 어느 누구도 이 언어가 사용되는 것을 듣지 않으려 해도, 이 언어는 정말 세계어라고 명명될 수 있는 권리를 가지고 있음을 입증해 드렸고, 나아가, 실제 이 언어를 학습한 사람이라면 누구나, 그와 대화를 나눌 상대방이 어느 나라에 속해 있다 하더라도 이 언어를 읽고 쓰기를 할 줄 알면 소통할 수 있음을 입증해 드렸습니다.

또한 이 언어는 그런 바탕 위에 또 하나의 목표를 세워야 합니다. 이는, 우리 언어가 **국제성**에 만족하지 않고 **전세계적이** 되도록 하는 목표, 즉, 이 언어를 읽고 쓸 줄 아는 대부분의 세계 사람들이 이 언어로 자유롭게 말할 수 있을 정도에 도달하는 목적을 가져야 하겠습니다. 그런 목표에 도달하기 위해, 사회의 지원을 받는 것을 계산해 두는 것은 상당히 취약한 토대 위에 건물을 세우려는 것과 같은 것입니다. 왜냐하면, 대다수의 세상 사람은 뭐든 지지하는 것을 싫어하고, 그 사람들은 뭐든 준비된 것만 받아 누리기를 좋아합니다. 그래서 저는 세간의 지지를 고려하지 않고 이 목표에 도달하기 위한 여러 가지 방법을 찾아내려고 고심했습니다.

그래서 저는 그 여러 가지 방법 중 한 가지 방법으로, 이제부터 자세히 설명하려는 **전세계적 투표의** 방식을 취하려고 합니다.

만일 독자 여러분이 지금까지 제가 앞서 설명해 놓은 것을 차근차근히 살펴 읽어 주셨다면, 국제어 지식은 **무조건 사용가치가 있고**, 그 학습을 위해 애쓴 조그만 노력 이상으로 가치가 있다는 결론에 도달할 것입니다. 따라서 저는 처음부터 곧장 이 국제어가 전 세계의 대중에게 받아들일 것으로 기대하여도 좋다고 생각합니다.

그러나 너무 장밋빛 희망에 기대는 것보다는, 상당히 비호의적 상황에 **빠졌을** 때를 대비해 마음가짐을 해 놓는 편이 바람직하다고 생각해, 저는 여러 가지로 상상을 해봅니다.

처음에는 우리의 이 언어를 받아들여 주실 분은 극히 소수이고, 제가 창안한 이 언어에서 **충분한 사용가치를** 발견할 사람도 극히 적을 것이라고 상상을 합니다. 또 이런 원칙상 이 언어에 한 시간조차도 쏟을 생각을 할 사람이 **전혀 없을** 것이라고 말입니다. 아울러 독자 여러분의 노력이 전혀 보상을 못 받을 거라며 의심하면서, 이 언어를 학습하는 일에 열심인 사람들을 공상가(현재 사람들 대부분이 다른 뭔가의 일보다 그 열심 학습자들을 부끄럽게 여기며)들로 여길지 모르는 불안 때문에, 여러분은 이 언어 학습의 시작에 용기를 내지 못할지도 모른다는 상상 같은 것 말입니다.

그러면 이와 같은 무관심하고 우유부단한 사람들에게 국제어 학습을 시작하게 하려면 도대체 필요한 것은 무엇이겠습니까?

이처럼 말해도 이 무관심한 사람들의 마음속을 살펴보면 다음과 같은 부류입니다: 그분들은 원칙적으로 국제어에

반대하지 않지만, 오히려 그분들은 상당히 기뻐하고 기꺼이 받아줄 사람들이라고 생각합니다. 그러나 **이 사람들은 자기편에서 조금의 노력이나 희생도 없이** 아름다운 아침의 어느 날, 읽기와 쓰기 정도나 하던 세간의 사람들 대부분이 이 언어를 익혀 숙달해지도록 바라고 있을지도 모릅니다. 그렇게 되면 가장 무관심한 자신들조차 당황해 이 국제어를 공부하고 시작하는 것을 서두를 것입니다. 왜냐하면, **그때는** 앞에서 상세히 규정된 특성을 갖춘 이 언어를 이미 교양있는 세계의 사람들이 수많이 배워 익혀 숙달해 있으니, 자신들이 이 언어를 학습하는데 아주 작은 노력에 대해서도 아깝다고 하지 않을 것은 자연히 정말로 자명한 이치이기 때문입니다.

사회에 대해 어떠한 솔선수범의 활동도 요구하지 않으면서도, 완전한 모습으로 이 언어를 제공하기 위하여; 즉, 결국 얼마간의 노력이나 희생도 하지 않으면서도, 세간의 사람들이 아름다운 어느 날 아침에 세상의 교양있는 지식 세계의 사람들이 모두 국제어를 **배우고 있다는 사실**이나, 아니면, **배우겠다는 공약**을 발견할 수 있도록 저는 다음과 같은 방법을 취합니다:

즉, 이 작은 책자는 전 세계 방방곡곡에 보내지고 있습니다. 그러나 저는 이 언어의 학습을 먼저 강요하지도 않고, 노동이나 시간이나 금전에 해당하는 것을 일절 필요하지도 않습니다. 대신 1분 동안만 펜을 들고 아래 첨부한 흰 카드 한 장을 완성해 저에게 보내주십시오.

독자 개개인에게 부탁합니다.
그 흰 카드 내용은 다음과 같습니다.

"나, 서명자는 에스페란토 박사가 제안한 국제어를 배울 것을 약속합니다. 만약 천만 명의 사람이 같은 약속을 했다고 공표된다면."

그러고 서명 날인을 하면 됩니다. 그러고서 그 뒷면에는 성명과 주소를 바르게 읽을 수 있게 씁니다.[29]

그리고 만일 원칙적으로 국제어에 반대하는 사람은 이 흰 카드의 본문을 선으로 지우고 **"반대"**라고 써 보내주십시오.

이 약속을 하는 사람의 수에 상관없이 어떤 경우에도 배우려고 생각하는 사람은 본문의 제2의 문장을 지우고 그 위에 **"무조건으로"**라고 써 주십시오.

이 약속을 하는 서명은 조금의 희생과 노고도 요구하지 않고, 또한 이 일이 실패했을 경우라도 어떤 의무도 지지 않습니다. 단지 1,000만 명의 교양있는 사람이 배우면 그 자신도 배워야 한다는 것이 의무화될 뿐입니다. 예를 들어, 실패의 경우에도 이 서명은 서명자의 일방적 희생은 아닙니다. 대신 독자 여러분이 원한다면, 그런 약속 없이도 이 언어를 조속히 받아들여 배워 익히면 됩니다.

그러나, 조그마한 카드에 서명하는 것은 개인에겐 아무 희생이 없는 것이며, 더 나아가 인류 영원의 이상을 실현하는데 이바지하는 것입니다.

도달한 서명의 수가 1,000만 명에 달한 때는 각 개인의 이름과 주소가 한 권의 책에 표기되어 공표할 예정입니다.

---

29) *저자 주: 자기 인장을 갖고 있지 않은 사람은, 대신에, 타인의 것을 사용해도 상관없습니다만, 그 경우는 인장을 빌려준 사람이 서명의 진실성을 입증해 주면 됩니다.

그 책이 간행된 다음 날 아침이면, 세간의 사람들은, 즉, 천만 명 혹은 1,000만 명 이상의 사람이 앞뒤로 줄이어 국제어를 배워 익히는 것을 의무화하고 있는 것을 발견하게 됩니다. -그러면 이 문제는 해결된다고 생각합니다.

한 사람이, 어떤 경우에는, 그 서명 자료를 모으는 일이 가능하겠구나 하고 생각할 수 있겠지만, 이 일이 상당히 가치 있는 탁월한 일이고, 공동 이익을 추구하는 것이라 해도, 자신의 서명을 다른 수집자에게 주는 사람은 그리 많지 않을 수도 있습니다. 그러나 이 서명은 위대한 이상의 달성에 도움이 되고, 한편으로는 서명한 사람에게는 전혀 물질적이나 도덕적 희생을 요구하지 않음을 알기에, 또한 전혀 아무 노력을 요구하지 않음을 알아, 우리는 충분한 권리를 갖고, 서명을 거부하는 사람은 아무도 없을 것으로 기대하고 있습니다.

왜냐하면, 이런 경우에, 거절 사유가 불이익한 것뿐만 아니라 "비도덕적"인 것이 되고, 또 공통 문제에 대해 무관심하지 않으면서도 **"깊이 생각한 끝에 항의한다"**고 여겨집니다. 또 이런 경우에, 거절 사유가, 혈통상, 학문상 및 경제상의 특권을 가진 사람들의 불안 때문임을, 즉 자신의 이름이 자신보다 지위가 낮은 사람의 이름과 나란히 놓일 것이 아닌가 하는 불안에 의해서만 설명될 수 있는 것입니다.

그러나 저는, 자신을 인류 공통의 문제와 같은 일에는 헛되이도 무심하여, 인류 공통의 문제를 지연시키는 결정을 할 사람은 극히 소수의 사람이겠지 라고 희망하고 있습니다. **일반적으로는** 국제어 도입에 반대하는 사람은 없다고 확신합니다만, 그러나 누군가 **제가 이 국제어를 제안했다는 점에서**, 이 국제어에 찬성 서명을 하지 않는다는 사람이 있다면, 부디 위에 말한 약속 대신에 항의의 글을 보내주십시오.

이 투표는, 흰 카드에 잠시 몇 분간 소비하면 충분히 서명할 수 있고, 두세 개의 코펙30) 동전에 해당하는 우표 요금이면 충분하기에, 이 문제에 대해 일반 의견을 말하는 것은 연령, 성별, 지위에 관계없이 교양있는 사람이라면, 그 모든 사람이 대상이 됩니다.

약속한 사람의 명단에도 없고, 거절한 사람의 명단에도 본인 이름이 없는 사람은 장래 사회에 대해서 어떤 책임도 다하지 못하는 것입니다.

"이 투표하는 일에 대해 들은 적이 없다"라고 하면서 이 투표 기회를 놓치는 것은 삼가시길 부탁합니다.

왜냐하면, 모든 인간은 이와 같은 투표에 대해 알 수 있을 만큼의, 나름의 모든 기준을 가지고 있기 때문입니다.

저는 신문잡지사 편집부에도, 제가 호소하는 내용을 실어주실 것을 부탁합니다. 저의 제안을 독자 여러분의 친구와 지인에게도 알려주시기를 독자 한 사람 한 사람에게 부탁합니다.

제가 이 일에 대해 말하고자 한 사항은 이것으로 전부입니다.

저는 제가 제안한 이 언어가 완전 무구한 것이라거나, 수준이 드높다거나, 더 나은 것이란 결코 더는 있을 수 없다거나 하는 생각은 전혀 하고 있지 않습니다. 그렇지만 저는 제 나름으로 국제어에 필요한 전체 요소를 충족시키

---

30) *역주: 러시아 화폐 단위 = 1/100 루블.

려고 가능한 노력을 다했습니다. 그래서, 저는 제가 제기한 문제들을 스스로 모두 해결하고 나서, 그런 성취 뒤에도(이 작은 책자의 지면이 부족한 관계로 여기서는 가장 본질적인 것만 논술했습니다만), 몇 년간이나 이 일을 심사숙고하고서야 대중의 앞에 이 책자를 들고서 공표할 결심을 했습니다.

그러나 저도 한 사람의 인간입니다. 실수가 있을지도 모릅니다. 용서할 수 없는 과실을 범하는 수도 있었을 겁니다. 언어로써 상당히 중요한 것을 못 보고 빠뜨렸을 수도 있었을 겁니다. 이런 이유에서 저는 완전한 사전을 발행하는 일이나 잡지, 서적 등의 발행을 손수 다루기 전에, 저의 저작물에 대해 앞으로 1년간 대중으로부터 비판받을 준비가 되어 있기에, 교양있는 모든 사람에게 제가 제안하는 언어에 대해서 여러분의 의견을 보내주시도록 부탁합니다. 여러분, 아무쪼록 이 언어의 변경, 개량, 보충 등 필요하다고 생각되는 것을 편지로 써서 보내주십시오. 제게 보내주신 의견 중 이 언어의 기본 성격이 -즉, 결국 학습의 용이성과, 사용자의 수와 관계없이 국제교류에 있어 필요불가결성이 -손상되지 않는 한, 실제로 유익하다고 판단되면 이를 감사히 받아들일 것입니다. 그런 변경이 있을 경우는 특별 책자로 간행할 생각입니다만, 그 변경이 있고 나면, 국제어의 형태는 확정되고 정의되어 변함없는 항상 같은 모습으로 최종 결정될 것입니다.

만일 그리고도 이런 개정에 불만을 가진 사람이 있을지도 모릅니다만, 이 언어는 장래에도 모든 종류의 개선점이 생긴다면 이를 수정할 것에 대해 개방해 두고 있음도 잊지 말아 주십시오. 단지, 그때와 지금의 차이라고 한다면, 그때는, 그 언어를 바꿀 권리는 더는 제게 속하는 것이 아니라, 이 언어에 권위를 가진, 공통으로 승인한 학술원에 속하게 됩니다.

국제어 창안과 관심을 가진 사람들을 국제어 사용자로 이끄는 것은 어려운 일입니다. 그러니 그 일에 우리가 관심을 가져야 하는 일이 됩니다. 그러나 한번 이 언어가 뿌리를 내리고, 또 공통의 사용으로 채용되면, 항상 존재하는, 권위 기관인 학술원을 설립할 필요가 있습니다. 따라서 이 학술원은 필요시에 쉽게, 조금씩, 또 눈에 띄지 않을 정도로 모든 종류의 개선 사항을 계속 도입할 수도 있을 것입니다. 그 학술원은 때로는 이 언어를 인지 불가능할 정도로 크게 바꾸는 일을 부득불 하게 되는 순간이 올지도 모르겠습니다.

그러하니, 저는 뭔가의 이유로 이 언어에 불만을 가진 독자들에게 당부하고 싶은 것이 있습니다. 만일 독자 여러분이 이 언어에서 불만 사항에 대한 **중대 이유가 생겼거나, 불필요한 요소가** 발견되어도 장래에 변경될 가능성이 보이지 않으면, 약속 사항을 보내는 대신에 항의서를 계속 보내주십시오.

제가 건강을 해칠 정도로 많은 시간을 바친, 제가 만든 이 저작물을 이제 사회의 호의적인 마음을 가진 사람들의 손에 맡깁니다. 인류의 공통 문제가 자신에게도 중요하다고 생각하는 모든 사람은 제게 도움의 손길을 내밀어주실 것을, 또 제가 제안한 이 언어를 그분들 자신이 할 수 있는 만큼 지지해 주시기를 희망합니다.

이 국제어에 대해 한 사람 한 사람이 무엇으로 도움을 줄 수 있는지에 대하여는 지금까지의 전반적 사항을 검토해 보시면 이해할 수 있으리라 봅니다. 제가 국제어의 동료에게 귀 기울이고 싶은 것은, 우리가 목표하는 가장 중요한 일인,-이 투표를 성공시키는 것입니다.

　한 사람 한 사람 자신이 할 수 있는 일로 이 일을 도와주실 것을 호소합니다. 그렇게 되면 온 인류가 오랫동안 꿈꾸어 오고 생각해 온 -인류공통어-는 최단 기간 안에 우리의 것이 되어, 실현될 것입니다.

☞저자는 독자 여러분께 부탁드립니다. 부디 다음의 흰 카드 한 장에 그 내용을 써서 저자인 제게 보내주십시오. 또 다른 카드들은 같은 목적으로 주변의 친구나 지인에게 나눠 주십시오.[31]

---

31) *역주: 이 책을 읽고 에스페란토에 대하여 궁금한 점은 역자(
(ykli@hufs.ac.kr, suflora@hanmail.net) 또는 사단법인 한국에스
페란토협회(https://www.esperanto.or.kr/)로 연락주시면 감사하
겠습니다.

Promes,o.	**Promes,o.**
Mi, sub,skrib,it,a, promes,as el,lern,i la propon,it,a,n de d-r,o Esperanto lingv,o,n inter,naci,a,n, se est,os montr,it,a, ke dek milion,o,j person,o,j don,is publik,e tia,n sam,a,n promes,o,n.	Mi, sub,skrib,it,a, promes,as el,lern,i la propon,it,a,n de d-r,o Esperanto lingv,o,n inter,naci,a,n, se est,os montr,it,a, ke dek milion,o,j person,o,j don,is publik,e tia,n sam,a,n promes,o,n.
Sub,skrib,o:	*Sub,skrib,o:*
Promes,o.	**Promes,o.**
Mi, sub,skrib,it,a, promes,as el,lern,i la propon,it,a,n de d-r,o Esperanto lingv,o,n inter,naci,a,n, se est,os montr,it,a, ke dek milion,o,j person,o,j don,is publik,e tia,n sam,a,n promes,o,n.	Mi, sub,skrib,it,a, promes,as el,lern,i la propon,it,a,n de d-r,o Esperanto lingv,o,n inter,naci,a,n, se est,os montr,it,a, ke dek milion,o,j person,o,j don,is publik,e tia,n sam,a,n promes,o,n.
Sub,skrib,o:	*Sub,skrib,o:*

Nom.o:

Adres.o:

Nom.o:

Adres.o:

Nom.o:

Adres.o:

Nom.o:

Adres.o:

Promes,o.

Mi, sub,skrib,it,a, promes,as el,lern,i la propon,it,a,n de d-r,o Esperanto lingv,o,n inter,naci,a,n, se est,os montr,it,a, ke dek milion,o,j person,o,j don,is publik,e tia,n sam,a,n promes,o,n.

Sub,skrib,o:

Promes,o.

Mi, sub,skrib,it,a, promes,as el,lern,i la propon,it,a,n de d-r,o Esperanto lingv,o,n inter,naci,a,n, se est,os montr,it,a, ke dek milion,o,j person,o,j don,is publik,e tia,n sam,a,n promes,o,n.

Sub,skrib,o:

Promes,o.

Mi, sub,skrib,it,a, promes,as el,lern,i la propon,it,a,n de d-r,o Esperanto lingv,o,n inter,naci,a,n, se est,os montr,it,a, ke dek milion,o,j person,o,j don,is publik,e tia,n sam,a,n promes,o,n.

Sub,skrib,o:

Promes,o.

Mi, sub,skrib,it,a, promes,as el,lern,i la propon,it,a,n de d-r,o Esperanto lingv,o,n inter,naci,a,n, se est,os montr,it,a, ke dek milion,o,j person,o,j don,is publik,e tia,n sam,a,n promes,o,n.

Sub,skrib,o:

| Nom,o: | Nom,o: |
| Adres,o: | Adres,o: |

| Nom,o: | Nom,o: |
| Adres,o: | Adres,o: |

약속

나, 서명자는 에스페란토 박
사가 제안한 국제어를 배울
것을 약속합니다.
만약 천만 명의 사람이 같은
약속을 했다고 공표된다면.

서명:

약속

나, 서명자는 에스페란토 박
사가 제안한 국제어를 배울
것을 약속합니다.
만약 천만 명의 사람이 같은
약속을 했다고 공표된다면.

서명:

약속

나, 서명자는 에스페란토 박
사가 제안한 국제어를 배울
것을 약속합니다.
만약 천만 명의 사람이 같은
약속을 했다고 공표된다면.

서명:

약속

나, 서명자는 에스페란토 박
사가 제안한 국제어를 배울
것을 약속합니다.
만약 천만 명의 사람이 같은
약속을 했다고 공표된다면.

서명:

이름:
주소:

이름:
주소:

이름:
주소:

이름:
주소:

약속

나, 서명자는 에스페란토 박사가 제안한 국제어를 배울 것을 약속합니다.
만약 천만 명의 사람이 같은 약속을 했다고 공표된다면.

서명:

약속

나, 서명자는 에스페란토 박사가 제안한 국제어를 배울 것을 약속합니다.
만약 천만 명의 사람이 같은 약속을 했다고 공표된다면.

서명:

약속

나, 서명자는 에스페란토 박사가 제안한 국제어를 배울 것을 약속합니다.
만약 천만 명의 사람이 같은 약속을 했다고 공표된다면.

서명:

약속

나, 서명자는 에스페란토 박사가 제안한 국제어를 배울 것을 약속합니다.
만약 천만 명의 사람이 같은 약속을 했다고 공표된다면.

서명:

이름:
주소:

이름:
주소:

이름:
주소:

이름:
주소:

완 전 학 습 서

에스페란토 기본 문법[1]

A. 자모[2].

A a, B b, C c, Ĉ ĉ, D d, E e,
F f, G g, Ĝ ĝ, H h, Ĥ ĥ, I i,
J j, Ĵ ĵ, K k, L l, M m, N n,
O o, P p, R r, S s, Ŝ ŝ, T t,
U u, Ŭ ŭ, V v, Z z.

*주의) ĉ, ĝ, ĥ, ĵ, ŝ, ŭ 와 같은 활자가 없는 인
쇄소에서는 그 대신 ch, gh, hh, jh, sh, u를 쓸
수 있다.

---

1) *역주: 예문들은 <폴란드어판> 원서와, 에스페란토학술원의 홈페이지
   (폴란드어 페이지)를 참고했음.
   https://www.akademio-de-esperanto.org/fundamento/gramatiko_
   pola.html.
2) *역주: 에스페란토 자모의 이름에 대해 모음(*a, e, i, o, u*)는 그대로
   부르고, 그 밖의 자음은 명사어미 *-o*를 붙여 부른다; a, bo, co, ĉo,
   do, e, fo, go, ĝo, ho, ĥo, i, jo, ĵo, ko, lo, mo, no, o, po, ro,
   so, ŝo, to, u, ŭo, vo, zo.

B. 품 사

(1) 부정관사는 없고 관사(*la*)만 있으며, 성, 수, 격에 따른 변화가 없다.
*주의) 관사의 쓰임은 다른 언어에서와 마찬가지다. 관사를 사용할 때 어려움을 느끼는 사람은 처음에는 전혀 쓰지 않아도 좋다.

(2) 명사는 어미 *-o* 를 가진다.
복수형을 만들 때는 어미 *-j* 를 덧붙인다.
격은 목적격과 주격 2가지만 있다.
목적격은 주격에 어미 *-n* 가 더 붙는다. 그 밖의 격은 전치사의 도움으로써 표현된다.
(소유격은 *de* 로, 여격은 al 로, 탈격(도구)은 *per*[3] 로써 나타내고, 뜻에 따라 다른 전치사를 쓴다)
(예문: *patr,o* 아버지, *al patr,o* 아버지에게, *patr,o,n* 아버지를, por patr,o,j 아버지들을 위하여, *patro,j,n* 아버지들을)

(3) 형용사는 어미 *-a*로 끝난다.
수와 격은 명사에서와 같다.

---

3) *역주: <폴란드어판> 원문에서는 per가 아니라 'kun'이었으나, 나중에 kun(~을 함께)과 per(도구, ~을 이용해)의 정의가 세분화 되었음.

비교급은 *pli* (더)를 써서 만들고, 최상급은 *plej* (가장, 최고)를 쓰며, 비교급에서 접속사는 *ol* (~에 비해, ~보다)을 쓴다.
(예문: *Pli blank.a ol neĝ.o* 눈보다도 더 하얀)

(4) 기본수사(격변화 없음)는 *unu* (1), *du* (2), *tri* (3), *kvar* (4), *kvin* (5), *ses* (6), *sep* (7), *ok* (8), *naŭ* (9), *dek* (10), *cent* (100), *mil* (1,000)이다.
십 단위 수와 백 단위 수는 기본수사의 단순한 결합으로 이루어진다.
서수 표시를 위해 형용사 어미(-*a*)를 붙인다.
배수를 만들 때는 접미사 *-obl* 를, 분수에는 접미사 *-on* 를, 집합을 나타내는 수는 접미사 *-op* 를 쓰고, 분배는 전치사 *po* (~씩)를 써서 만든다.
그 밖에도 수 명사와 수 부사를 쓸 수 있다.
(예문: *kvin.cent tri.dek tri* = 533; *kvar* 4; *unu.o* 1개, 단위; *du* 2; *tri.obl.a* 3배의; *kvar.on.o* 4분의 1; *du.op.e* 둘이 한 무리로; *po kvin* 5씩)

(5) 인칭대명사는 *mi* (1인칭 단수, 나), *vi* (2인칭 단수, 너, 당신), *li* (3인칭 남성, 그), *ŝi* (3인칭 여성, 그녀), *ĝi* (3인칭 중성, 그것(사물이나 짐승에

씀), *si* (재귀대명사, 그 자신), *ni* (1인칭 복수, 우리), *vi* (2인칭 복수, 너희들, 당신들), *ili* (3인칭 복수, 그들, 그것들), *oni* (3인칭, 단수 복수 동형, 세상사람(들))이다.

소유대명사는 형용사 어미를 붙여 만든다.

격변화는 명사에서와 같다.

(예문: *mi,n* 나를; *mi,a* 나의).

(6) 동사는 인칭이나 수에 따른 변화가 없다.

(예문: *mi far,as* 나는 만든다, *la patr,o far,as* 아버지가 만든다, *ili far,as* 그들은 만든다.)

동사의 현재시제는 어미 *-as*, 과거시제는 *-is*, 미래시제는 *-os*, 가정법은 *-us*, 명령(청유)법은 *-u*, 부정법은 *-i* 를 가진다.

(예문: *mi far,as* 나는 만든다; *li far,is* 그는 만들었다; *ili far,os* 그들은 만들 것이다; *ŝi far,us* 그녀가 만들었으면 할텐데; *far,u* 만들어 주세요; *far,i* 만들다.)

분사(형용사적 또는 부사적 의미를 가짐)는 능동진행 *-ant* (~하고 있는)(예문: *far,ant,a* 만들고 있는, *far,ant,e* 만들고 있으면서), 능동완료 *-int* (~하고 난)(예문: *far,int,a* 만들어 놓고 난), 능동예정 *-ont* (~할 예정)(예문: *far,ont,a* 만들려고 할 예정), 수동진행 *-at*(~되고 있는)(예문: *far,at,a* 만들어지고 있는), 수동완료 *-it* (~된)(예문: *far.it.a* 만들어진), 그리고 수동예정 *-ot*(~될 예정)(예문: *far.ot.a* 만들어질 예정)이다.

수동태의 모든 꼴은 동사 *est* 의 적당한 시제와 필요한 동사의 수동분사가 어울려 만들어지며, 수동태에 쓰이는 전치사는 *de* 이다.

(예문: *ŝi est.as am.at.a de ĉiu.j* 그녀는 모든 사람들로부터 사랑받고 있다.)

(7) 부사는 어미 *-e* 로 끝난다.
비교급 단계는 형용사에서와 같다.

(예문: *mi.a frat.o pli bon.e kant.as ol mi* 나의 형은 나보다 노래를 더 잘 부른다.)

(8) 모든 전치사는 그 속성이 주격을 필요로 한다.

C. 일반 규칙

(9) 모든 단어는 쓰인 대로 읽는다.

(10) 단어에서의 강세는 언제나 끝에서 두 번째 음절에 있다.

(11) 합성어는 단어들의 단순한 결합으로 이루어

진다. (중요한 단어가 뒤에 온다).

문법 어미들도 독립된 단어와 같이 본다.

(예문: *vapor,ŝip,o* 증기선:

　　　vapor 증기, *ŝip* 배, *o* 명사어미)

(12) 문장 속에 다른 부정어가 있으면 부정어 *ne* 는 쓰지 않는다.

(예문: *mi neniam[4] vid,is* 나는 한번도 보지 못 했다.)

(13) 방향을 나타내기 위해서는, 해당 단어 뒤에 목적격 어미(*-n*)를 붙인다.

(예문: *tie* 그곳 ― *tie,n* 그곳으로;

　　　Varsovi,o,n 바르샤바로.)

(14) 각각의 전치사는 일정하고 고정된 뜻을 지녔 다. 그런데 우리가 어떤 전치사를 쓰고자 하면서 도 직접적인 뜻으로 보아 어느 전치사를 써야 할 지 알 수 없을 때는, 독립된 뜻이 없는 전치사 *je* 를 쓴다. 전치사 *je* 대신에 그 전치사 없이 목적격 어미(*-n*)을 쓸 수도 있다.

---

4) *역주: 1887년에는 이 낱말이 **nenian**으로 표기되었으나, 1888년 이후로 **neniam**으로 표기되었기에, 여기서는 **neniam**으로 표기함.

(예문: *ĝoj,i je tio* 그것 때문에 기쁘다; *mal,san, a je la okul,o,j* 눈이 아프다; *enu,o*[5] *je la patr, uj,o* 조국에 그리움(걱정).)

(15) 소위 외래어, 즉, 같은 어원으로 여러 언어에 나타나는 단어들은 에스페란토에서도 바꾸지 않고, 다만 에스페란토 표기법에 맞게 쓴다.
그러나 한 어근에서 파생되어, 여러 단어로 된 경우는, 그중 기본이 되는 단어만 살려 쓰고, 그 밖의 것은 에스페란토 규칙에 따라 만드는 것이 좋다.
(예문: *teatr,o* － teatr(*폴란드어에서 '극장'이라는 뜻), *teatr,a* -lecz teatralny(*폴란드어에서 '극장의'이라는 뜻))

(16) 명사와 관사의 마지막 모음은 생략하고 아포스트로피(')로 대신할 수 있다.
(예문: *Ŝiller'* 는 *Ŝiller,o* 의 생략; *de l' mond,o* 는 *de la mond,o*에서 *la*를 *l'*로 생략함.)

---

5) *역주: 자멘호프는 이 낱말을 처음에는 '그리움'이나 '염원'으로 생각하고 여기에 썼으나, 오늘날 enu/o는 에스페란토 사용자들은 '지겨움, 지루함'으로 이해하기에, 이는 sopir/o, dezir/o로 씀이 맞음.

- 87 -

에스페란토-한국어 사전[6]

국제어 에스페란토의 모든 낱말은 이 사전의 도움으로 이해할 수 있습니다. 낱말 하나하나가 한 가지 개념을 나타내고 있습니다. 그러나 기호(,)로 표시된 합성어는 한 개념을 나타내지만, 몇 가지 요소로 구성되어 있습니다. 예를 들어 *frat,in,o* 같은 낱말[7]은 3개의 문법 요소를 갖고 있습니다. 그 경우에는 각 낱말을 따로따로 찾아야 합니다.

A

a	<형용사 어미>. 예) *hom* 사람 - *hom,a* 사람의
acid	신, 시큼한
aĉet	사다
ad	<접미사> 행위의 지속을 나타냄.
	ir 가다 - *ir,ad* 계속 가다.
	danc 춤추다 - *danc,ad,o* 무용
adiaŭ	(인사말) 작별
aer	공기

---

6) *역주: 이 사전의 표제어는 918개임. 이 사전을 바탕으로 1905년 universala vortaro가 만들어지게 된다. 번역의 텍스트는 <폴란드어판> 안의 에스페란토-폴란드 사전의 표제어를 사용했음. 이 표제어에는 <러시아어판>에 실렸으나, <폴란드어판>에는 실리지 않은 propon 과 spert 두 낱말의 표제어를 추가함.

7) *역주: 합성어 *frat,in,o*는 3가지 문법 요소, 즉, *frat*(형제라는 뜻의 어근)-*in*(여성 접미사)-*o*(명사 어미)로 형제-여성, 즉 자매, 누이를 뜻합니다.

afer   일, 사건

agl   독수리

agrabl   유쾌한

aĝ   나이, 연령

ajn   <부사> 하더라도, 든지, 무차별을 나타냄.

         kiu 누구 - *kiu ajn* 누구든지

aĵ   <접미사> 구체적 물건을 나타냄

         mal,nov 옛 - *mal,nov,aĵ* 옛 물건, 오랜 물건;

         frukt 과일 - *frukt,aĵ* 과일로 만든 음식

akompan   동행하다

akr   날카로운

akv   물

al   <전치사> ~에게

ali   다른

almenaŭ   <부사> 적어도

alt   높은

alumet   성냥

am   사랑하다

amas   무리, 군중

amik   친구

an   <접미사> 일원, 주민(거주자), 지지자

         regn 국가 - *regn,an* 국민, 시민;

         Varsovi,an 바르샤바 시민

angul   구석, 모퉁이

anĝel   천사

anim   영혼(정신, 마음)

ankaŭ   <부사> ~도, 역시

ankoraŭ   <부사> 아직, 여전히

anstataŭ	<전치사> 대신에,
ant	<능동진행을 나타내는 분사>
antaŭ	<전치사> 앞의, 이전의
apart	별개의, 따로 떨어진, 특별한
aparten	(~에) 속하다
apenaŭ	<부사> 가까스로
apud	<전치사> ~옆에, 가까이에
ar	무리. *arb* 나무 - *arb,ar* 숲;
	ŝtup 계단의 한 단(기차에 오르내리는 발판)
	- *ŝtup,ar* 계단
arb	나무
arĝent	은(銀)
as	<동사 현재 어미>
at	<수동 예정을 나타내는 분사>
atend	기다리다, 대기하다
aŭ	<접속사> 또는, 혹은
aŭd	듣다(들리다)
aŭskult	듣다(귀기울이다)
aŭtun	가을
av	할아버지, 조부
avar	인색한
azen	당나귀

B

babil	잡담하다, 한담하다
bak	굽다
bala	(먼지를) 청소하다, 쓸어버리다

balanc	아래 위로 흔들다
baldaŭ	<부사> 머지않아, 곧
ban	목욕하다
bapt	세례주다, 이름을 주다, 명명하다
bar	막다, 차단하다
barb	턱수염
barel	통(桶)
baston	막대기, 지팡이
bat	때리다
batal	싸우다
bedaŭr	애석하게 여기다
bel	아름답다
ben	축복하다
benk	벤치, 긴 의자
best	동물
bezon	(~을)필요로 하다, 원하다
bier	맥주
bind	제본하다, 짜맞추다
bird	새, 날짐승
blank	흰, 하얀
blov	(바람이) 불다
blu	푸른, 하늘빛의
bo	<접두사> 결혼으로 인한 친척 관계를 나타냄.
	patr 아버지 - *bo,patr* 시아버지, 장인;
	frat 형제 - *bo,frat* 매부, 처남
boj	(개가) 짖다
bol	끓다, 비등하다
bon	좋은, 착한

bord	해안, 강가, 강변
bot	장화
botel	병(瓶)
bov	소
branĉ	가지
brand	브랜디(술)
bril	빛나다
bros	브러쉬(솔)
bru	소란피우다, 시끄러운
brul	(불이)타다, 몹시 흥분하다
brust	가슴
brut	가축
buŝ	입
buter	(요리)버터
buton	단추

C

cel	겨누다, 목표로 삼다
cent	<수사> 백(100)
cert	옳은, 진실한
ceter	다른, 여분의
cigar	엽권련, 시가
cigared	담배
citron	(과일) 레몬

Ĉ

ĉagren   괴롭히다, 마음을 아프게 하다.

ĉambr   방

ĉap   모자(가장자리가 없는)

ĉapel   모자(가장자리가 있는)

ĉar   <접속사> 왜냐하면

ĉe   <전치사> 직접 닿을 만큼 가까운 것을 나타냄.

ĉemiz   셔츠, 속옷

ĉen   체인, 연쇄

ĉeriz   버찌

ĉerk   관(棺), 널

ĉes   중지하다, 중단하다

ĉeval   말(馬)

ĉi   <부사> 시간, 공간적으로 더 가까이.

    tiu 그(저)것- *tiu ĉi* 이것;

    tie 저기에- *tie ĉi* 여기

ĉia   <형용사> 어떤 종류의

ĉian[8]   <부사> 언제나, 늘, 항상

ĉie   <부사> 도처에, 어디든지

ĉiel   하늘

ĉio   <명사> 모든 것

ĉirkaŭ   <전치사> 약, 가까이, 주변에, 주위에

ĉiu   <명사> 모든, 모두(하나하나, 모두의) *ĉiuj* 모두들

ĉj   <접미사> 애칭을 나타냄.

    Miĥael '미카엘'과 같은 긴 낱말을 *Miĉj* 로 줄임;

    Aleksandr '알렉산드르'와 같은 긴 낱말을
    *Aleĉj*로 줄임

---

8) *역주: 에스페란토 발표 1년 뒤(1888년)부터 ĉiam으로 글자 형태가 바뀜.

ĉu   <의문부사>~입니까?, ~인지 어떤지

D

da   <전치사> 수량, 무게, 길이 등 단위를 나타내는
낱말과 함께 쓰임. (이 낱말 뒤) 주격이 온다.
kilogram,o da viand,o 쇠고기 1kg;
glas,o da te,o 차 한 잔

danc   춤추다

danĝer   위험

dank   감사하다, 고마워하다

daŭr   지속하다, 계속하다

de   <전치사>(두 명사 사이에서의 관계)~의, ~로부터
(이 낱말 뒤) 주격이 온다.

decid   결정하다

defend   방어하다, 지키다

dek   십(10)

dekstr   오른쪽의

demand   묻다, 질문하다

dens   밀집한, 치밀한

dent   이(齒), 이빨

detru   부수다, 파괴하다

dev   (동사 부정형이 뒤따르는 동사) 해야 하다(의무)

dezert   사막

dezir   바라다, 원하다, 갈망하다

Di   신(神), 하느님, (기독교) 하나님

dik   두꺼운, 뚱뚱한

diligent   부지런한

dimanĉ	일요일
dir	말하다
dis	<접두사> 해체, 분리, 분산을 나타냄.
	ŝir 찢다 - *dis,ŝir* 갈기 갈기 찢다;
	kur 달리다 - *dis,kur* 뿔뿔이 흩어져 달리다
disput	논쟁하다
divid	나누다, 분리하다
dolĉ	단, 단맛의, 달콤한
dolor	아픈
dom	집(家)
don	주다
donac	선물하다, 선사하다.
dorm	잠자다
dors	등, 배후
du	둘(2)
dum	<전치사>~하는 동안.

E

e	<부사 어미> *bon,e* 잘, 좋아.
eben	편평한, 수평의
ebl	가능한
ec	<접미사> 현상, 성질, 상태의 추상성을 나타냄.
	bon 좋은, 착한- *bon,ec* 선의, 선(善);
	infan 아이, 아동- *infan,ec* 어린 시절, 유년기
eĉ	<부사> ~조차도
eduk	교육하다, 가르치다
edz	남편

efektiv   실제로, 현존하는, 효과적인

eg   <접미사> 정도의 증가나 강화를 나타냄.

       man 손 - *man,eg* 큰 손;

       varm 따뜻한 - *varm,eg* 뜨거운

egal   같은, 동일한

ej   <접미사> 장소를 나타냄.

       *kuir*요리하다 - *kuir,ej* 부엌;

       preĝ 기도하다 - *preĝ,ej* 기도소, 교회

ek   <접두사> 시작 또는 순간을 나타냄.

       kant 노래하다 - *ek,kant* 노래하기 시작하다;

       kri 고함지르다 - *ek,kri* 고함지르기 시작하다

eks   <접두사> 이전의, 전직(前職)의

ekster   <전치사> ~바깥에

ekzempl   사례, 예, 보기

el   <전치사> ~으로부터

elekt   선택하다, 선출하다

em   <접미사> 마음이 내키게 하다, 습관성의.

en   <전치사> ~안으로, ~로

enu   싫증나다, 지루하다

envi   시기하다, 질투하다

er   <접미사> 전체의 일부, 조각을 나타냄.

       sabl 모래 - *sabl,er* 모래 알갱이

erar   실수하다

escept   ~을 제외하다

esper   바라다, 희망하다

esprim   표현하다

est   있다, 존재하다, 이다

estim   존경하다

esting   불을 끄다, (흥분 따위를)진정시키다
estr   우두머리
et   <접미사> 정도의 감소나 약화를 나타냄.
             mur 벽 - *mur,et* 작은 벽;
             rid 웃다 - *rid,et* 미소짓다.
etaĝ   층
etern   영원한

F

facil   쉬운
faden   실
fajf   휘파람을 불다
fajr   불, 열성
fal   떨어지다
fald   접다
famili   가족
far   만들다, 하다, 일하다. *far,iĝ* ~이 되다
fart   지내다, 살다, 생활하다
feliĉ   행복한
fend   쪼개다, 가르다
fenestr   창문
fer   쇠, 철
ferm   닫다
fest   축제
fianĉ   약혼자
fidel   충직한, 충실한
fier   뽐내다, 우쭐대다

fil	아들
fin	(~을)끝내다. (~을)완성시키다.
fingr	손가락
firm	단단한, 치밀한
fiŝ	물고기
flank	옆
flar	냄새 맡다, 미리 낌새를 차리다.
flav	노란
flor	꽃
flu	흐르다
flug	날다
fluid	액체, 유체
foj	번, 회, 차
fojn	건초
foli	잎
fond	기초, ~에 기초를 두다
font	솟아나다
for	<부사> 멀리, ~에서 벗어나다
forges	잊다, 망각하다.
forĝ	(쇠)를 벼리다, 지어내다
fork	쇠스랑, 포크
forn	화로
fort	힘센, 강한
fos	파다
frap	두드리다
frat	형제
fraŭl	총각, (미혼의) 남자
freŝ	신선한, 시원한

fromaĝ   치즈

frost   서리

frot   문지르다

fru   이르다

frukt   과일, 열매

frunt   이마

fulm   번개

fum   연기

fund   바닥, 밑바닥

G

gaj   유쾌한, 명랑한

gajn   얻다, 승리하다

gant   장갑

gard   지키다, 주시하다

gast   손님

ge   <접두사> 남녀 양성을 나타냄.

     patr 아버지 - *ge,patr,o,j* 부모, 양친;

     mastr (집, 토지) 주인

     - *ge,mastr,o,j* 남자주인과 여자 주인

genu   무릎

glaci   얼음

glas   글라스, 병(甁)

glat   매끈한, 평탄한

glav   칼

glit   미끄러지다

glor   영광, 찬미하다

glut	삼키다
gorĝ	목
grand	큰
gras	지방, 기름, 비계
grat	할퀴다
gratul	축하하다
grav	중요한
griz	회색의
gust	미각, 맛
gut	(물방울이) 듣다, 한 방울씩 떨어지다.
	gut.o 물방울

Ĝ

ĝarden	정원
ĝem	신음하다
ĝentil	점잖은, 공손한
ĝi	<3인칭 인칭(중성)대명사> 그것, 이것
ĝis	(부사)~까지
ĝoj	기쁘다, 좋다, 기뻐하다

H

ha!	<감탄사> 아! 아하!
hajl	싸라기눈, 우박
haladz	유독가스, 악취
halt	서다, 멈추다
har	머리카락

haring	청어
haŭt	살갗, 피부, 가죽, 껍질
hav	가지다, 소유하다
hejt	(불을)지피다, 난방하다
help	돕다
herb	풀
hered	물려받다, 상속 받다
hieraŭ	어제
ho!	<감탄사> 오!
hodiaŭ	오늘
hom	사람, 인간
honest	정직한
hont	부끄러워하다
hor	시간(時)
horloĝ	시계
hotel	호텔, 여관
humil	복종하는, 유순한, 겸허한
hund	개

I

i	<동사 부정법 어미> *laŭd,i* 칭찬하다
ia	<형용사> 어떤
ial	<부사> 어떤 이유로
ian[9]	<부사> 어느 때
id	<접미사> 사람의 어린자식, 동물의 새끼를 나타냄.
	bov 소 - *bov,id* 송아지;

---

9) *역주: 에스페란토 발표 1년 뒤(1888년) iam으로 글자 형태가 바뀜.

Izrael 이스라엘 - *Izrael,id* 이스라엘 후손(자손)

ie	<부사> 어디에, 어딘가에
iel	<부사> 어떤 방식으로
ies	<형용사> 누군가(소유)의
ig	<접미사> ~하게 하다. 강요하다의 뜻

pur 깨끗한 - *pur,ig* 깨끗하게 하다;
sid 앉다 - *sid,ig* 앉게 하다

iĝ   <접미사> ~이 되다, ~이 되어지다.

pal 창백한 - *pal,iĝ* 창백하게 되다;
sid 앉다 - *sid,iĝ* 앉기 시작하다

il   <접미사> 도구를 나타냄.

tond 자르다-*tond,il* 가위;
paf 총쏘다 -*paf,il* 총

ili   <인칭대명사, 복수, 3인칭> 그들, 그것들

in   <접미사> 여성, 짐승의 암컷을 나타냄.

patr 아버지 - *patr,in* 어머니;
kok 닭- *kok,in* 암탉

ind	<접미사> 마땅히 받을만한
infan	아이
ing	<접미사> 끼워 쓰는 도구.

kandel 초- *kandel,ing* 촛대;
plum 펜 - *plum,ing* 펜꽂이

ink	잉크
instru	가르치다
insul	섬
insult	꾸짖다
int	<능동 완료 분사>
intenc	~할 작정이다

inter	<전치사> ~사이
intern	안, 내부
invit	초대하다
io	뭔가
iom	어느 정도, 약간의
ir	가다
is	<동사의 과거시제 어미> ~했다
ist	<접미사> 어느 분야에 종사하는 사람
	bot 장화(구두) - *bot,ist* 구두장이;
	mar 바다 -*mar,ist* 선원
it	<수동 완료 분사>
iu	누군가, 어느 누구

J

j	<낱말의 복수 어미>
ja	실로, 정말
jam	이미, 벌써
jar	해(年)
je	<만능 전치사> 측정, 시간, 신체부분과 관련해
	사용함.
	적당한 전치사가 없을 때 쓸 수 있는 전치사
jen	바로 여기에 ~이 있다.
	jen~ jen: 이것은 ~이고, 이것은 ~이다
jes	예, 그렇다
ju - des	~하면 할수록 더욱 더 ~하다
juĝ	재판하다, 판단하다
jun	젊은

just 바른, 공정한

Ĵ

ĵaŭd 목요일
ĵet 던지다
ĵur 맹세하다

K

kaf 커피
kaj <접속사> 그리고, ~과
kajer 공책, 노트
kaldron 가마솥
kaleŝ 사륜마차
kalkul 셈하다, 계산하다
kamen 벽난로
kamp 땅, 들, 영역
kanap 소파, 긴 안락의자
kandel 초, 양초
kant 노래하다
kap 머리
kapt 잡다
kar 친애하는, 값비싼
karb 숯, 석탄
kares 쓰다듬다, 애무하다
kaŝ (~을) 감추다, 숨기다
kat 고양이

kaŭz	야기하다
ke	<접속사> 명사절을 인도하는 접속사. ~라는 것
kelk	몇 개의, 어떤
kest	상자
kia	<의문을 나타내는 형용사> 어떤
kial	<의문을 나타내는 부사> 왜
kian[10]	<의문을 나타내는 부사> 언제
kie	<의문 부사> 어디, 어디서
kiel	<의문 부사> 어떻게
kies	<의문 형용사> 누구 소유의
kio	<의문을 나타내는 명사> 무엇
kiom	<의문을 나타내는 부사> 얼마만큼, 얼마나
kis	키스하다, 입맞추다
kiu	<의문을 나타내는 부사> 누구
klar	맑은, 밝은, 명백한
knab	소년
kok	닭
kol	목
koleg	동료
kolekt	모으다
koler	화난
kolon	기둥, 원주, 난, 단
kolor	색, 색깔
komb	빗질하다
komenc	시작하다
komerc	상업하다, 무역하다

---

10) *역주: 에스페란토 발표 1년 뒤(1888년) kiam으로 글자 형태가 바
   뀜.

kompat	동정하다, 불쌍히 여기다
kompren	이해하다
kon	알다
kondiĉ	조건
konduk	인도하다
konfes	고백, 자백하다
konsent	동의하다
konserv	보호하다
konsil	조언하다, 상의하다
konsol	위로하다
konstant	끊임없는, 불변하는, 한결같은
konstru	건축하다, 세우다
kontent	만족하다
kontraŭ	<전치사> 맞은편, 반대쪽, ~을 거슬러
konven	적합하다
kor	마음, 가슴, 심장
korn	뿔
koron	코로나, 광환(光環)
korp	몸, 신체
kort	뜰, 정원
kost	값나가다
kovr	덮다, 닫다.
kraĉ	침뱉다
krajon	연필
kravat	넥타이
kre	창조하다, 창출하다
kred	믿다, 신임하다
kresk	자라다, 성장하다

kret	분필, 백묵
kri	외치다, 울부짖다
kruc	십자가
kudr	꿰매다, 바느질하다
kuir	요리하다
kuler	숟가락
kulp	죄지은
kun	<전치사>~와 함께 *kun,e* <부사> 함께
kupr	구리(銅)
kur	달리다
kurac	치료하다
kuraĝ	용감한
kurten	커튼, 휘장
kusen	베개
kuŝ	눕다, 놓여있다
kutim	습관, 익숙하다
kuz	사촌
kvankam	<접속사> 비록 ~일지라도
kvar	넷(4)
kvin	다섯(5)

L

la	<관사> 그것, 그. *la*는 *l'*로 생략됨
labor	일, 노동, 일하다
lac	피곤한, 지친
lakt	우유
lam	절름발이의, 서툰

lamp   램프

land   땅, 나라

lang   혀

lantern 등, 등불, 초롱

larĝ   넓은

larm   눈물

las   허락하다, 내버려두다

last   마지막, 최후의

laŭ   <전치사> ~에 따라

laŭd   칭찬하다

laŭt   큰 소리로

lav   씻기다

lecion 수업, 강의, 일과, 교훈, 학습의 한 과

leg   읽다

leĝ   법률

leon   (동물) 사자

lern   배우다, 학습하다

lert   능숙한, 교묘한

leter   편지

lev   들어올리다

li   <인칭대명사, 3인칭 단수> 그 사람, 그 남자, 그

liber   자유로운

libr   책

lig   묶다, 결합하다

lign   목재, 땔나무

lingv   언어, 말

lip   입술

lit   침대

liter	문자, 글자
loĝ	주거하다, 살다, 묵다
lok	장소
long	긴, 오랜
lud	놀다, 역할을 하다
lum	빛, 빛나다
lun	달
lund	월요일

M

maĉ	씹다
magazen	큰 상점
makul	점, 얼룩
mal	<접두사> 정반대를 나타냄
	bon 좋은 - *mal.bon* 나쁜;
	estim 존경하다 - *mal.estim* 경멸하다
malgraŭ	<부사>~에도 불구하고, 무릅쓰고
man	손
manĝ	먹다
mar	바다
mard	화요일
mastr	주인
maten	아침
matur	익다
mem	<부사> 자신이, 스스로
memor	기억하다

merit	~할 가치가 있다
merkred	수요일
met	두다, 하다
mez	중간, 중앙
mezur	재다, 측정하다
mi	<1인칭 대명사, 단수> 나
miks	섞다
mil	천(1,000)
milit	싸우다, 전쟁하다
mir	놀라운
mizer	불쌍한, 비참한
moder	절제 있는, 알맞은
modest	겸손한
mol	부드러운, 유연한
mon	돈, 화폐
monat	달(月)
mond	세계, 세상
mont	산
montr	제시하다. 보이다
mord	물다
morgaŭ	내일
mort	죽다
moŝt	(존칭어) 폐하, *Vi,a reĝ,a moŝt,o* 폐하, 전하; *Vi,a general,a moŝt,o* 장군님; *Vi,a episkop,a moŝt,o* 주교님
mov	움직이다
mult	많은
mur	벽

murmur   중얼거리다, 불평하다
muŝ   (곤충) 파리

N

n   <목적격 어미> 을(를), 이동의 방향을 나타냄
naĝ   수영하다, 헤엄치다, 항해하다
najbar   이웃의
nask   낳다, 태어나다, 생산하다
naŭ   아홉(9)
naz   코
ne   (문장에서 부정을 나타냄) ~이 아니다.
nebul   안개
neces   필요하다
neĝ   눈(雪)
nek - nek   ~도 ~도 아니다
nenia   (부정을 나타냄) 아무런 ~하지 않다
nenian11)   (부정을 나타냄) 아무 때도 ~하지 않다
nenie   (부정을 나타냄) 아무 곳에도 ~하지 않다
neniel   (부정을 나타냄) 아무 방법으로도 ~할 수 없다
nenies   (부정을 나타냄) 아무의 소유도 ~하지 않다
nenio   (부정을 나타냄) 아무것도 ~ 아니다
neniu   (부정을 나타냄) 아무도 ~ 아니다
nep   손자
nev   조카
ni   <1인칭대명사, 복수> 우리(들)

---

11) *역주: 에스페란토 발표 1년 뒤(1888년) neniam으로 글자 형태가
    바뀜.

nigr   검은

nj   <접미사> 여성 이름을 줄이거나 애칭을 나타냄.

          Mari 마리 -*Ma,njo* ; *Emili* 에밀리 -*Emi,nj*

nobl   고상한

nokt   밤

nom   이름

nombr   숫자

nov   새로운

nub   구름

nud   나체의, 나신의, 옷을 입지 않은

nuks   나무 열매

nun   <부사> 지금

nur   <부사> 다만, 오직 ~ 뿐

nutr   기르다

O

o   <명사 어미>

obe   따르다, 준수하다

objekt   사물, 대상, 목적

obl   <접미사> 숫자의 배를 나타냄.

          du 둘 - *du,obl* 두 배의

obstin   완고한

odor   냄새가 나다

ofend   모욕하다, 마음을 상하다, 손상시키다.

ofer   제물로 바치다, 희생하다

oft   <부사> 종종, 자주, 흔히

ok   여덟(8)

okaz   일어나다, 발생하다

okul   눈(眼)

okup   점령, 직업, 점거하다

ol   <부사> ~보다

ole   기름

ombr   그늘, 그림자

ombrel   우산

on   <분수를 나타내는 접미사>

            kvar 4 - *kvar,on* 4분의 1

ond   파도, 물결

oni   <일반인칭대명사, 단수, 복수 동일> 세상 사람(들)이

onkl   삼촌, 아저씨

ont   <능동 예정 분사>

op   수의 집합을 나타냄. *du* 2 - *du,op* 둘씩

oportun   편리한, 손쉬운

or   금(황금)

ord   순서

ordinar   일반의, 평범한

ordon   명령하다

orel   귀

os   <동사의 미래어미> ~할 것이다.

ost   뼈

ot   <수동 예정 분사> ~될

ov   달걀, 알

            P

pac   평화

paf   (총, 화살을) 쏘다

pag   돈을 내다, (세금 등을) 납부하다

paĝ   페이지, 면(面)

pajl   짚, 밀짚

pal   창백한

palac   궁전, 궁

palp   만지다, 더듬다

palpebr   눈꺼풀

pan   빵

pantalon   바지

paper   종이

pardon   용서하다

parenc   친척, 일가

parker   외우다, 암기하다

parol   말하다

part   부분

pas   지나가다, 통과하다

pastr   성직자, 승려

paŝ   걷다. 걸음

patr   아버지 *patr.uj* 조국

pec   조각

pel   내몰다, 재촉하다

pen   노력하다, 애쓰다

pend   걸리다, 달려있다

pens   생각하다

pentr   그림 그리다

per   <전치사> (도구를 사용해) ~로써, ~을 가지고

perd   잃다

permes	허락하다
pes	무게를 달다
pet	요청, 요구하다
pez	무거운, 무게가 ~ 나가다
pi	경건한, 독실한
pied	발
pik	찌르다, 자극하다
pilk	공
pingl	핀, (식물) 침엽
pir	(과일) 배
plac	광장
plaĉ	마음에 들다
plafon	천장
plank	바닥
plej	<부사>(최상급) 최고의, 가장
plen	가득한, 온전한, 완전한
plend	불평하다
plezur	즐거운, 만족스러운
pli	<부사>(비교급) ~보다 더
plor	울다
plum	깃, 펜
pluv	비(雨)
po	<전치사> ~씩
polv	먼지
pom	사과
pont	다리, 교량
popol	국민, 평민, 일반 대중, 민중
por	<전치사> ~을 위하여

pord	문, 출입문
pork	돼지
port	운반하다
post	\<전치사\> ~ 뒤에
postul	요구하다
poŝ	호주머니
poŝt	우편
pot	항아리, 단지
pov	할 수 있다
prav	옳은, 정당한
preĝ	기도하다
prem	누르다, 압박하다
pren	취하다
prepar	준비하다, 준비시키다
preskaŭ	\<부사\> 거의
pres	인쇄하다
pret	준비된
prezent	제안하다
pri	\<전치사\> ~에 대하여
printemp	봄(春)
pro	\<전치사\> ~ 때문에
profund	깊은
proksim	가까운
promen	산책하다
promes	약속하다
propon[12]	제안하다

---

12) *역주: 이 낱말은 \<러시아어판\>(1887)에서는 표제어로 실렸으나, \<폴란드어판\>(1887)에는 빠졌음.

propr	개인 소유의, 고유의
prov	시도하다
prudent	분별력있는
prunt	빌리다
pulv	화약
pulvor	가루, 분말
pun	벌하다, 징벌하다
pup	인형
pur	깨끗한
puŝ	밀치다
putr	썩다, 부패하다

R

rad	수레바퀴
radi	빛, 광선
radik	뿌리
rakont	이야기하다
ramp	기어가다, 뻗다
rand	가장자리, 변두리
rapid	빠른
raz	면도하다
re	<접두사> 다시, 반복을 나타냄
reg	지배하다
regn	국가, 나라
regul	규칙
reĝ	왕
rekt	곧은

rekompenc 보상하다, 보답하다
renkont 만나다
renvers 뒤집다, 거꾸로 두다, 엎어 놓다
respond 대답하다
rest 남다
ricev 받다
riĉ 부유한, 풍부한
rid 웃다
rigard 바라보다
ring 고리, 환
ripet 반복하다
ripoz 휴식하다
river 강
romp 부수다
rond 원, 둥근 모양(의 물건), 서클
rost 굽다, 볶다
roz 장미
ruĝ 붉은

S

sabat 토요일
sabl 모래
saĝ 현명한
sak 자루, 가방
sal 소금
salt 뛰어 넘다, 점프하다

salut	인사하다, 절하다
sam	같은, 동일한
san	건강한
sang	피, 혈액, 혈통
sankt	신성한
sap	비누
sat	만족한
sav	구하다
sci	알다
se	<접속사> 조건을 나타냄. 만일 ~이라면
sed	<접속사> 그러나
seĝ	의자, 걸상
sek	마른, 건조한
sem	씨를 뿌리다, 퍼뜨리다, 씨앗, 종자
semajn	주(週), 1주일
sen	<전치사> ~없이
senc	뜻, 의미
send	보내다
sent	느끼다, ~한 느낌이 들다
sep	일곱(7)
serĉ	찾다, 구하다
serpent	뱀
serur	자물쇠
serv	봉사하다
ses	여섯(6)
sever	엄한, 가혹한
si	<재귀대명사> 자신, 자기
sid	앉다

sigel	도장, 봉인, 날인하다
sign	표시
signif	의미하다, ~의 뜻을 갖다
silent	침묵
simil	비슷한, 유사한
simpl	간단한
sinjor	(남자 존칭) 씨
skrib	쓰다
sku	흔들다
sobr	맑은 정신의
societ	단체, 협회
soif	목마르다, 갈망하다
sol	혼자의, 외로운, 유일한
somer	여름
son	소리 내다
sonĝ	꿈, 꿈꾸다
sonor	울려 퍼지다
sort	운명
sovaĝ	거친, 사나운
spec	종류
spegul	거울
spert13)	경험하다, 체험하다
spir	숨쉬다
sprit	재치있는
stal	외양간
star	서다

---

13) *역주: 이 낱말은 <러시아어판>(1887)에서는 표제어로 실렸으나, <폴란드어판>(1887)에는 빠졌음.

stel   별, 스타

stomak   위(胃), 배

strat   거리

sub   <전치사> ~ 밑에, 아래

subit   갑자기

suĉ   (젖을) 빨다

sufer   겪다, 고생하다

sufiĉ   충분한

suk   즙, 쥬스

suker   설탕

sun   태양, 해

sup   수프, 국

super   <전치사> ~위에

supr   <부사> ~위에, 꼭대기에

surd   귀가 먼

surtut   외투

Ŝ

ŝajn   (겉보기에) ~처럼 보이다

ŝancel   흔들다, 동요시키다

ŝanĝ   변하다, 바꾸다

ŝaŭm   거품

ŝel   껍질

ŝerc   농담하다

ŝi   <3인칭 여성(단수) 대명사> 그녀

ŝip   배, 우주선

ŝir   찢다

ŝlos   열쇠로 잠그다

ŝmir   (기름을) 바르다, 묻히다, 칠하다

ŝnur   줄, 밧줄

ŝpar   아끼다, 절약하다

ŝpruc (물, 액체가) 솟아 나오다, 분출하다

ŝrank 장롱, 옷장, 찬장

ŝtal   강철

ŝtel   훔치다

ŝtof   천, 직물, 옷감

ŝton   돌

ŝtop   (구멍을) 틀어막다, 방해하다

ŝtrump 긴 양말, 스타킹

ŝtup   단(층) *ŝtup,ar* 계단

ŝu   구두, 신발, 단화

ŝuld   의무를 지우다, 빚지다

ŝut   (낱알, 모래를) 쏟다, 붓다

ŝvel   (부피가) 팽창하다, 부풀어 오르다

ŝvit   땀을 흘리다

T

tabl   탁자, 테이블

tabul 판자, 널빤지

tag   날(日), 하루

tajlor 재단사, 재봉사

tamen <접속사> 하지만, 그렇지만, 그럼에도 불구하고,
       그러고도

tapiŝ   양탄자, 융단

taŭg   쓸만하다, 적당하다, ~을 할 능력을 갖다

te   차(茶)

tegment   지붕

teler   접시

temp   시간, 때

ten   쥐다, 붙들다

tent   유혹하다

ter   땅, 토지, 지구

terur   공포, 두려움

tia   <형용사> 그러한

tial   <부사> 그 때문에, 그런 이유로

tian[14]   <부사> 그때

tie   <부사> 그곳에, 거기

tiel   <부사> 그렇게

tim   두려워하다

tio   <지시대명사> 그것, 저것

tiom   <부사> 그만큼

tir   (~을)자기 앞으로 끌다, 끌어당기다.

tiu   <지시대명사> 저 사람, 그 사람,
    (명사의 되풀이 사용을 피하려고)그것

tol   린네르, 직물

tomb   무덤

tond   (가위로) 자르다

tondr   천둥치다

tra   <전치사>~을 통하여, (밤을) 새워서

---

14) *역주: 에스페란토 발표 1년 뒤(1888년) tiam으로 글자 형태가 바
    뀜.

traduk   번역하다, 옮기다

tranĉ   (칼로) 자르다

trankvil   조용한, 고요한

trans   <전치사> ~을 넘어서, ~의 저편에

tre   <부사> 아주, 매우

trem   떨다

tren   끌다

tri   셋(3)

trink   마시다

tro   <부사> 너무, 지나칠 정도로

tromp   속이다

trov   발견하다, 찾아내다

tru   구멍

tuj   <부사> 곧, 당장

tuk   린네르천, 아마포, 수건

tur   탑

turment   괴롭히다

turn   회전하다

tus   기침하다

tuŝ   손으로 건드리다. 만지다

tut   모든, 전부의

U

u   <명령을 나타내는 동사 어미>

uj   <접미사> 그릇, 나무, 나라를 나타냄.
         cigar 담배 - *cigar_uj* 담배갑;
         pom 사과 - *pom_uj* 사과나무;

Turk 터키 민족 - *Turk,uj* 터키 나라

ul	<접미사> 성질이나 특성을 가진 사람
	riĉ 부유한 - *riĉ,ul* 부유한 사람, 부자
um	<접미사> 어떤 습관이나 경향을 나타냄.
	어근에서 파생된 뜻을 나타냄
ung	손톱
unu	하나(1)
urb	도시, 시
urs	(동물) 곰
us	<가정을 나타내는 동사어미> 만일 ~ 한다면
util	유용한, 유익한
uz	사용하다, 응용하다

V

vaks	밀랍, 초, 왁스
van	무익한, 헛된
vang	뺨, 볼
vapor	증기
varm	따뜻한
vast	넓은, 방대한
vaz	그릇, 병, 화병
vek	잠이 깨다
velk	시들다, 초췌해지다
ven	오다
vend	팔다, 매각하다
vendred	금요일
venen	독약

venĝ	복수하다, 원수를 갚다
venk	승리하다
vent	바람
ventr	복부, 배
ver	진실, 진리
verd	초록의, 녹색의
verk	글을 쓰다, 저술하다
verm	벌레
verŝ	쏟다, 붓다
vesper	저녁
vest	옷을 입히다. *vest.o* 옷, 의복
veter	날씨
vetur	타고 가다
vi	<2인칭대명사(단수와 복수 동형)> 당신, 그대, 여러분
viand	육고기
vid	보다
vilaĝ	마을
vin	와인, 포도주
vintr	겨울
violon	바이올린
vir	남자
viŝ	닦다, 훔치다.
vitr	유리
viv	살다, 삶, 인생
vizaĝ	얼굴
voĉ	목소리
voj	길, 도로

vok	부르다
vol	원하다, 바라다.
vort	낱말, 단어
vost	꼬리
vund	상처를 입히다, 아프게 하다

Z

zorg	보살피다, 걱정하다.

☞누구든지 이 소책자를 번역할 수 있는 권리가 있습니다.

* 부　　록*

부록 1
『에스페란토판』

부록 2
『폴란드어판』(영인본)

부록 1
『에스페란토판』

DRO ESPERANTO

INTERNACIA
LINGVO
ANTAŬPAROLO

KAJ

PLENA LERNOLIBRO

por Rusoj

Por ke lingvo estu tutmonda, ne
sufiĉas nomi ĝin tia.

Prezo 15 kopekoj.

VARSOVIO.

Tipo-Litografejo de Ch. Kelter, str. Novolipje № 11.

1887.

CENZURA PERMESO
Varsovio 21 Majo 1887

LA UNUA LIBRO DE
LA LINGVO ESPERANTO[15]

Antaŭparolo

La nun proponatan broŝuron la leganto kredeble
prenos en la manojn kun malkonfido, kun antaŭe preta
penso, ke al li estos proponata ia neefektivigebla
utopio; mi devas tial antaŭ ĉio peti la leganton, ke li
formetu tiun ĉi antaŭjuĝon kaj ke li pripensu serioze
kaj kritike la proponatan aferon.

Mi ne parolos tie ĉi vaste pri tio, kian grandegan
signifon havus por la homaro la enkonduko de unu
komune akceptita lingvo internacia, kiu prezentus
egalrajtan proprajon de la tuta mondo, apartenante
speciale al neniu el la ekzistantaj nacioj. Kiom da
tempo kaj laboroj estas perdata por la ellernado de

---

15) *역주: 이 텍스트는 『La Internacia Lingvo』(La Unua
Libro, 1887)를 자멘호프 박사가 손수 번역해, 그 일부(서문1, 서문2)
가 『Fundamenta Krestomatio』(1903년)에 실렸습니다. 그러나
1887년판 『La Internacia Lingvo』(La Unua Libro)의 <에스페란토
판> 전부는 여러 경로를 거쳐 『unuaj libroj por esperantistoj』
(ludovikito, 1973)에 실렸습니다. 역자들도 이 자료를 인용해 여기에
사료로 실었습니다.

fremdaj lingvoj, kaj malgraŭ ĉio, elveturante el la limoj de nia patrujo, ni ordinare ne havas la eblon kompreniĝadi kun similaj al ni homoj. Kiom da tempo, laboroj kaj materialaj rimedoj estas perdata por tio, ke la produktoj de unu literaturo estu aligitaj al ĉiuj aliaj literaturoj, kaj en la fino ĉiu el ni povas per tradukoj konatiĝi nur kun la plej sensignifa parto de fremdaj literaturoj; sed ĉe ekzistado de lingvo internacia ĉiuj tradukoj estus farataj nur en tiun ĉi lastan, kiel neŭtralan, al ĉiuj kompreneblan, kaj la verkoj, kiuj havas karakteron internacian, estus eble skribataj rekte en ĝi. Falus la ĥinaj muroj inter la homaj literaturoj; la literaturaj produktoj de aliaj popoloj fariĝus por ni tiel same atingeblaj, kiel la verkoj de nia propra popolo;la legataĵo fariĝus komuna por ĉiuj homoj, kaj kune kun ĝi ankaŭ la edukado, idealoj, konvinkoj, celado, — kaj la popoloj interproksimiĝus kiel unu familio. Devigataj dividi nian tempon inter diversaj lingvoj, ni ne havas la eblon dece fordoni nin eĉ al unu el ili, kaj tial de unu flanko tre malofte iu el ni posedas perfekte eĉ sian patran lingvon, kaj de la dua flanko la lingvoj mem ne povas dece ellaboriĝi, kaj, parolante en nia patra lingvo, ni ofte estas devigataj aŭ preni vortojn kaj esprimojn de fremdaj popoloj, aŭ esprimi nin neprecize kaj eĉ pensi lame dank' al la nesufiĉeco de la lingvo.

Alia afero estus, se ĉiu el ni havus nur du lingvojn,

— tiam ni pli bone ilin posedus kaj tiuj ĉi lingvoj mem povus pli ellaboriĝadi kaj perfektiĝadi kaj starus multe pli alte, ol ĉiu el ili staras nun. Kaj la lingvo ja estas la ĉefa motoro de la civilizacio : dank' al la lingvo ni tiel altiĝis super la bestoj, kaj ju pli alte staras la lingvo, des pli rapide progresas la popolo.

La diferenco de la lingvoj prezentas la esencon de la diferenco kaj reciproka malamikeco de la nacioj, ĉar tio ĉi antaŭ ĉio falas en la okulojn ĉe renkonto de homoj : la homoj ne komprenas unu la alian kaj tial ili tenas sin fremde unu kontraŭ la alia. Renkontiĝante kun homoj, ni ne demandas, kiajn politikajn konvinkojn ili havas, sur kiu parto de la tera globo ili naskiĝis, kie loĝis iliaj prapatroj antaŭ kelke da miljaroj : sed tiuj ĉi homoj ekparolas, kaj ĉiu sono de ilia parolo memorigas nin, ke ili estas fremdaj por ni.

Kiu unu fojon provis loĝi en urbo, en kiu loĝas homoj de diversaj reciproke batalantaj nacioj, tiu eksentis sendube, kian grandegan utilon alportus al la homaro lingvo internacia, kiu, *ne entrudiĝante en la doman vivon de la popoloj*, povus, almenaŭ en landoj kun diverslingva loĝantaro, esti lingvo regna kaj societa. Kian, fine, grandegan signifon lingvo internacia havus por la scienco, komerco — per unu vorto, sur ĉiu paŝo — pri tio mi ne bezonas vaste paroli. Kiu almenaŭ unu fojon serioze ekmeditis pri tiu ĉi demando, tiu konsentos, ke nenia ofero estus tro granda, se ni povus per ĝi akiri al ni lingvon komunehoman. Tial ĉiu eĉ la plej malforta provo en tiu ĉi direkto meritas atenton. Al la afero, kiun mi nun proponas al la leganta publiko, mi oferis miajn plej bonajn jarojn; mi esperas, ke ankaŭ la leganto, pro la graveco de la afero, volonte oferos al ĝi iom da pacienco kaj atente tralegos la nun proponatan broŝuron ĝis la fino.

Mi ne analizos tie ĉi la diversajn provojn, faritajn kun la celo krei lingvon internacian. Mi turnos nur la atenton de la legantoj al tio, ke ĉiuj tiuj ĉi provoj aŭ prezentis per si sistemon da signoj por mallonga interkomunikiĝo en okazo de granda bezono, aŭ kontentiĝis je plej natura simpligo de la gramatiko kaj je anstataŭigo de la vortoj ekzistantaj en la lingvoj per vortoj aliaj, arbitre elpensitaj. La provoj de la unua kategorio estis tiel komplikitaj kaj tiel nepraktikaj, ke ĉiu el ili mortis tuj post la naskiĝo; la provoj de la dua kategorio jam prezentis per si *lingvojn*, sed da *internacia* ili havis en si *nenion*. La aŭtoroj ial nomis siajn lingvojn « tutmondaj », eble nur pro tio, ke en la tuta mondo estis neniu persono, kun kiu oni povus kompreniĝi per tiuj ĉi lingvoj! Se por la tutmondeco de ia lingvo estas sufiĉe, ke unu persono ĝin nomu tia, en tia okazo ĉiu el la ekzistantaj lingvoj povas fariĝi tutmonda laŭ la deziro de ĉiu aparta persono. Ĉar tiuj ĉi provoj estis fonditaj sur la naiva espero, ke la mondo renkontos ilin kun ĝojo kaj unuanime donos al ili sankcion, kaj tiu ĉi unuanima konsento ĝuste estas la plej neebla parto de la afero, pro la natura indiferenteco de la mondo por kabinetaj provoj, kiuj ne alportas al ĝi senkondiĉan utilon, sed kalkulas je ĝia preteco pionire oferi sian tempon, — tial estas kompreneble, kial tiuj ĉi provoj renkontis plenan fiaskon; ĉar la plej granda parto de la mondo tute ne interesis sin je tiuj ĉi provoj, kaj tiuj, kiuj sin interesis, konsideris, ke ne estas inde perdi tempon por la lernado de lingvo, en kiu neniu nin komprenos krom la aŭtoro; « antaŭe la mondo », ili diris, « aŭ kelkaj milionoj da homoj ellernu tiun ĉi lingvon, tiam mi ankaŭ ĝin lernos ».

Kaj la afero, kiu povus alporti utilon al ĉiu aparta adepto nur tiam, se antaŭe jam ekzistus multego da aliaj adeptoj, trovis nenian akceptanton kaj montriĝis malvive naskita.

Kaj se unu el la lastaj provoj, « Volapük », akiris, kiel oni diras, certan nombron da adeptoj, tio ĉi estas nur tial, ke la ideo mem de lingvo « tutmonda » estas tiel alta kaj alloga, ke homoj, kiuj havas la inklinon entuziasmiĝi kaj dediĉi sin al pioniereco, oferas sian tempon en la espero, ke *eble* la afero sukcesos.

Sed la nombro de la entuziasmuloj atingos certan

ciferon kaj haltos, kaj la malvarma indiferenta mondo ne volos oferi sian tempon por tio, ke ĝi povu komunikiĝadi kun tiuj ĉi nemultaj, — kaj tiu ĉi lingvo, simile al la antaŭaj provoj, mortos, alportinte absolute nenian utilon[16].

La demando pri lingvo internacia okupadis min jam longe; sed sentante min nek pli talenta, nek pli energia, ol la aŭtoroj de ĉiuj senfrukte pereintaj provoj, mi longan tempon limigadis min nur per revado kaj nevola meditado super tiu ĉi afero. Sed kelke da feliĉaj ideoj, kiuj aperis kiel frukto de tiu ĉi nevola meditado, kuraĝigis min por plua laborado kaj igis min ekprovi, ĉu ne prosperos al mi sisteme venki ĉiujn barojn por la kreo kaj enkonduko en uzadon de racia lingvo internacia.

Ŝajnas al mi, ke tiu ĉi afero iom prosperis al mi, kaj tiun ĉi frukton de longatempaj persistaj laboroj mi proponas nun al la prijuĝo de la leganta mondo.

La plej ĉefaj problemoj, kiujn estis necese solvi, estis la sekvantaj :

(I) Ke la lingvo estu eksterordinare facila, tiel ke oni povu ellerni ĝin ludante.

---

16) *편자주: Tiuj ĉi vortoj estis skribitaj en la komenco de la jaro 1887, kiam Volapük havis en la tuta mondo grandegan gloron kaj rapidege progresadis! La tempo baldaŭ montris, ke la antaŭdiro de la aŭtoro de Esperanto ne estis erara.(Zamenhof)

(II) Ke ĉiu, kiu ellernis tiun ĉi lingvon, povu tuj ĝin uzi por la kompreniĝado kun homoj de diversaj nacioj, tute egale ĉu tiu ĉi lingvo estos akceptita de la mondo kaj trovos multe da adeptoj aŭ ne, — t.e. ke la lingvo jam de la komenco mem kaj dank' al sia propra konstruo povu servi kiel efektiva rimedo por internaciaj komunikiĝoj.

(III) Trovi rimedojn por venki la indiferentecon de la mondo kaj igi ĝin kiel eble plej baldaŭ kaj amase komenci uzadi la proponatan lingvon kiel lingvon vivan, — ne kun ŝlosilo en la manoj kaj en okazoj de ekstrema bezono.

El ĉiuj projektoj, kiuj en diversaj tempoj estis proponitaj al la mondo, ofte sub la laŭta, per nenio pravigita nomo de « lingvo tutmonda », neniu solvis pli ol *unu* el la diritaj problemoj, kaj eĉ tiun ĉi nur *parte*. Krom la supre montritaj tri ĉefaj problemoj, mi devis, kompreneble, solvi ankoraŭ multajn aliajn, sed pri ili, ĉar ili estas ne esencaj, mi ne parolos tie ĉi.
Antaŭ ol mi transiros al la klarigo de tio, kiel mi solvis la supre diritajn problemojn, mi devas peti la leganton mediti iom pri la signifo de tiuj ĉi problemoj kaj ne preni tro facile miajn rimedojn de solvo sole nur tial, ĉar ili aperos al li eble kiel tro simplaj. Mi petas tion ĉi tial, ĉar mi scias la inklinon de la plimulto da homoj rigardi aferon kun des pli da estimego, ju pli ĝi

estas komplikita, ampleksa kaj malfacile-digestebla. Tiaj personoj, ekvidinte la malgrandegan lernolibron kun plej simplaj kaj por ĉiu plej kompreneblaj reguloj, povas preni la aferon kun ia malestima malŝato, dum ĝuste la atingo de tiu ĉi simpleco kaj mallongeco, la alkonduko de ĉiu objekto el la formoj komplikitaj, el kiuj ili naskiĝis, al la formoj plej facilaj— prezentis la plej malfacilan parton de la laboro.

I

La unuan problemon mi solvis en la sekvanta maniero :

(a) Mi simpligis ĝis nekredebleco la gramatikon, kaj al tio de unu flanko en la spirito de la ekzistantaj vivaj lingvoj, por ke ĝi povu facile eniri en la memoron, kaj de la dua flanko — neniom deprenante per tio ĉi de la lingvo la klarecon, precizecon kaj flekseblecon. *La tutan gramatikon de mia lingvo oni povas bonege ellerni en la daŭro de unu horo.* La grandega faciligo, kiun la lingvo ricevas de tia gramatiko, estas klara por ĉiu.

(b) Mi kreis regulojn por vortofarado kaj per tio ĉi mi enportis grandegan ekonomion rilate la nombron de la vortoj ellernotaj, ne sole ne deprenante per tio ĉi de la lingvo ĝian riĉecon, sed kontraŭe, farante la lingvon — dank' al la eblo krei el unu vorto multajn aliajn kaj esprimi ĉiujn eblajn nuancojn de la penso — pli riĉa ol la plej riĉaj naturaj lingvoj. Tion ĉi mi atingis per la enkonduko de diversaj prefiksoj kaj sufiksoj, per kies helpo ĉiu povas el unu vorto formi diversajn aliajn vortojn, ne bezonante ilin lerni. (Pro oportuneco al tiuj ĉi prefiksoj kaj sufiksoj estas donita la signifo de memstaraj vortoj, kaj kiel tiaj ili estas lokitaj en la vortaro.)

Ekzemple :

(1) La prefikso « mal » signifas rektan kontraŭaĵon de la ideo; sekve, sciante la vorton « bona », ni jam mem povas formi la vorton « malbona », kaj la ekzistado de aparta vorto por la ideo « malbona » estas jam superflua; alta — malalta; estimi — malestimi k. t. p. Sekve, ellerninte unu vorton « mal », ni jam estas liberigitaj de la lernado de grandega serio da vortoj, kiel ekzemple « malmola » (sciante « mola »), malvarma, malnova, malpura, malproksima, malriĉa, mallumo, malhonoro, malsupre, malami, malbeni k. t. p., k. t. p.

(2) La sufikso « in » signifas la virinan sekson : sekve, sciante « frato », ni jam mem povas formi « fratino », patro — patrino. Sekve superfluaj jam estas la vortoj « avino, filino, fianĉino, knabino, kokino, bovino » k. t. p.

(3) La sufikso « il » signifas instrumenton por la donita farado. Ekzemple tranĉi — tranĉilo; superfluaj estas : « kombilo, hakilo, sonorilo, plugilo, glitilo » k. t. p. Kaj similaj aliaj prefiksoj kaj sufiksoj.

Krom tio mi donis komunan regulon, ke ĉiuj vortoj, kiuj jam fariĝis internaciaj (la tiel nomataj « fremdaj vortoj »), restas en la lingvo internacia neŝanĝataj, akceptante nur la internacian ortografion; tiamaniere grandega nombro da vortoj fariĝas superfluaj por la lernado; ekzemple : lokomotivo, redakcio, telegrafo, nervo, temperaturo, centro, formo, publiko, platino[17], botaniko, figuro, vagono, komedio, ekspluati, deklami, advokato, doktoro, teatro k. t. p., k. t. p.

Dank' al la supre montritaj reguloj kaj ankoraŭ al kelkaj flankoj de la lingvo, pri kiuj mi trovas superflue tie ĉi detale paroli, la lingvo fariĝas eksterordinare facila, kaj la tuta laboro de ĝia ellernado konsistas nur en la ellernado de tre malgranda nombro da vortoj, el kiuj laŭ difinitaj reguloj, sen apartaj kapabloj kaj streĉado de la kapo, oni povas formi ĉiujn vortojn, esprimojn kaj frazojn, kiuj estas necesaj.

Cetere eĉ tiu ĉi malgranda nombro da vortoj, kiel oni vidos malsupre, estas tiel elektita, ke ilia ellernado por

---

17) *편자주: La Fundamenta formo de Universala Vortaro estas: *Plateno*. *역주: 에스페란토 원문에는 platino라고 표기되어 있으나, 역주9)의 폴란드어 'platyna'의 뜻이 백금이기에 **plateno**로 번역함.

homo iomete klera estas afero eksterordinare facila. La ellernado de tiu ĉi lingvo sonora, riĉa kaj por ĉiuj komprenebla (la kaŭzojn vidu malsupre) postulas sekve ne tutan serion da jaroj, kiel ĉe la aliaj lingvoj, — por ĝia ellernado sufiĉas *kelke da tagoj*. Pri tio ĉi ĉiu povas konvinkiĝi, ĉar al la nuna broŝuro estas aldonita *plena lernolibro*.[18]

II

La duan problemon mi solvis en la sekvanta maniero:

(a) Mi aranĝis plenan dismembrigon de la ideoj en memstarajn vortojn, tiel ke la tuta lingvo, anstataŭ vortoj en diversaj gramatikaj formoj, konsistas sole nur el senŝanĝaj vortoj. Se vi prenos verkon, skribitan en mia lingvo, vi trovos, ke tie ĉiu vorto sin trovas ĉiam kaj sole en unu konstanta formo, nome en tiu formo, en kiu ĝi estas presita en la vortaro. Kaj la diversaj formoj gramatikaj, la reciprokaj rilatoj inter la vortoj k. t. p. estas esprimataj per la kunigo de senŝanĝaj vortoj. Sed ĉar simila konstruo de lingvo estas tute fremda por la Eŭropaj popoloj kaj alkutimiĝi al ĝi estus por ili afero malfacila, tial mi tute alkonformigis tiun ĉi

---

18) *편자주: En la originalo de la unua libro pri Esperanto en la fino estis presita la tuta gramatiko kaj vortaro el ĉirkaŭ mil vortoj.(Zamenhof)

dismembriĝon de la lingvo al la spirito de la lingvoj Eŭropaj, tiel ke se iu lernas mian lingvon laŭ lernolibro, ne traleginte antaŭe la antaŭparolon (kiu por la lernanto estas tute senbezona), — li eĉ ne supozos, ke la konstruo de tiu ĉi lingvo per io diferencas de la konstruo de lia patra lingvo. Tiel ekzemple la devenon de la vorto « fratino », kiu en efektiveco konsistas el tri vortoj : frat (frato), in (virino), o (kio estas, ekzistas) (— kio estas frato-virino = fratino), — la lernolibro klarigas en la sekvanta maniero : frato = frat; sed ĉar ĉiu substantivo en la nominativo finiĝas per « o » — sekve frat'o; por la formado de la sekso virina de tiu sama ideo, oni enmetas la vorteton « in »; sekve fratino — frat'in'o; kaj la signetoj estas skribataj tial, ĉar la gramatiko postulas ilian metadon inter la apartaj konsistaj partoj de la vortoj.

En tia maniero la dismembriĝo de la lingvo neniom embarasas la lernanton; li eĉ ne suspektas, ke tio, kion li nomas finiĝo aŭ prefikso aŭ sufikso, estas tute memstara vorto, kiu ĉiam konservas egalan signifon, tute egale, ĉu ĝi estos uzata en la fino aŭ en la komenco de alia vorto aŭ memstare, ke ĉiu vorto kun egala rajto povas esti uzata kiel vorto radika aŭ kiel gramatika parteto. Kaj tamen la rezultato de tiu ĉi konstruo de la lingvo estas tia, ke ĉion, kion vi skribos en la lingvo internacia, tuj kaj kun plena precizeco (per ŝlosilo aŭ eĉ sen ĝi) komprenos ĉiu, kiu ne sole ne ellernis antaŭe la gramatikon de la lingvo, sed eĉ neniam aŭdis pri ĝia ekzistado.

Mi klarigos tion ĉi per ekzemplo :

Mi troviĝis en Rusujo, ne sciante eĉ unu vorton rusan; mi bezonas turni min al iu, kaj mi skribas al li sur papereto en libera lingvo internacia ekzemple la jenon :

Mi ne sci'as, kie mi las'is mi'a'n baston'o'n; ĉu vi ĝi'n ne vid'is?

Mi proponas al mia interparolanto vortaron internacia-rusan kaj mi montras al li la komencon, kie per grandaj literoj estas presita la sekvanta frazo : *Ĉion, kio estas skribita en la lingvo internacia, oni povas kompreni per helpo de tiu ĉi vortaro. Vortoj, kiuj prezentas kune unu ideon, estas skribataj kune, sed dividataj unu de la alia per signeto; tiel ekzemple la vorto frat'in'o, prezentante unu ideon, estas kunmetita el tri vortoj, el kiuj ĉiun oni devas serĉi aparte.*

Se mia interparolanto neniam aŭdis pri la lingvo internacia, li komence rigardos min tre mirigite, sed li prenos mian papereton, serĉos en la montrita maniero en la vortaro kaj trovos jenon :

En tia maniero la ruso klare komprenos, kion mi de

Mi	Ja	ja
ne	nje, njet	nje
sci	znatj	znaju
as	označajet nastojašĉeje vremja	
kie	gdje	gdje
mi	ja	ja
las	ostavljatj	ostavil
is	označajet prošedŝeje vremja	
mi	ja	(moj) moju
a	označajet prilagatelnoje	
n	označajet vinitelnij padeĵ	
baston	palka	palku
o	označajet suŝĉestvitelnoje	
n	označajet vinitelnij padeĵ	
ĉu	li	li
vi	vi, ti	vi
ĝi	ono	(jego) jejo
n	označajet vinitelnij padeĵ	
ne	nje	nje
vid	vidjetj	vidjel (i)
is	označajet prošedŝeje vremja	

li deziras. Se li volos respondi al mi, mi montras al li
la vortaron rusa-internacian, en kies komenco estas
presite : *Se vi deziras esprimi ion en la lingvo*

internacia, uzu tiun ĉi vortaron, serĉante la vortojn en la vortaro mem kaj la finiĝojn por la gramatikaj formoj en la gramatika aldono, en la paragrafo de la responda parto de parolo. Ĉar en tiu aldono, kiel oni vidas en la lernolibro, la plena gramatiko de ĉiu parto de parolo okupas ne pli ol kelke da linioj, tial la trovado de la finiĝo por la esprimo de responda gramatika formo okupos ne pli da tempo, ol la trovado de vorto en la vortaro.

Mi turnas la atenton de la leganto al la klarigita punkto, kiu ŝajne estas tre simpla, sed havas grandegan praktikan signifon. Estas superflue diri, ke en alia lingvo vi kun persono, ne posedanta tiun ĉi lingvon, ne havas la eblon kompreniĝadi eĉ per la helpo de la plej bona vortaro, ĉar, por povi fari uzon el la vortaro de ia el la ekzistantaj lingvoj, oni devas antaŭe pli aŭ malpli scii tiun ĉi lingvon. Por povi trovi en la vortaro la donitan vorton, oni devas scii ĝian fundamentan formon, dum en la interligita parolado ĉiu vorto ordinare estas uzita en ia gramatika ŝanĝo, kiu ofte estas neniom simila je la fundamenta formo, en kunigo kun diversaj prefiksoj, sufiksoj k. t. p.; tial, se vi antaŭe ne konas la lingvon, vi preskaŭ neniun vorton trovos en la vortaro, kaj eĉ tiuj vortoj, kiujn vi trovos, donos al vi nenian komprenon pri la signifo de la frazo. Tiel ekzemple, se mi la supre donitan frazon skribus germane (Ich weiss nicht wo ich meinen Stock gelassen habe; haben sie ihn nicht gesehen), tiam persono, ne scianta la lingvon germanan, trovos en la vortaro la jenon :

« Mi — blanka — ne — kie — mi — pensi — bastono aŭ etaĝo — kvieta — havo — havi — ŝi — ? — ne — ? — ».

Mi ne parolas jam pri tio, ke la vortaro de ĉiu el la ekzistantaj lingvoj estas treege vasta kaj serĉi en ĝi 2-3 vortojn unu post alia jam lacigas, dum la vortaro internacia, dank' al la dismembra konstruo de la lingvo, estas tre malgranda kaj oportuna; mi ne parolas jam ankaŭ pri tio, ke en ĉiu lingvo ĉiu vorto havas en la vortaro multe da signifoj, el kiuj oni devas divenprove elekti la ĝustan. Kaj se vi eĉ imagos al vi lingvon kun la plej ideala simpligita gramatiko, kun konstanta difinita signifo por ĉiu vorto,— en ĉiu okazo, por ke la adresito per helpo de la vortaro komprenu vian skribon, estus necese, ke li antaŭe ne sole ellernu la gramatikon, sed ke li ankaŭ akiru en ĝi sufiĉan spertecon, por facile helpi al si, distingi vorton radikan de vorto gramatike ŝanĝita, devena aŭ kunmetita k. t. p., — t. e. la utilo de la lingvo denove dependus de la nombro da adeptoj, kaj ĉe manko de la lastaj ĝi prezentus nulon. Ĉar, sidante ekzemple en vagono kaj dezirante demandi vian najbaron, « kiel longe ni atendos en N. », vi ja ne proponos al li antaŭe ellerni la gramatikon de la lingvo! Sed en la lingvo internacia vi povas esti tuj komprenita de membro de ĉia nacio, se li ne sole ne posedas tiun ĉi lingvon, sed eĉ neniam aŭdis pri ĝi. Ĉiun libron, verkitan en la lingvo internacia, libere povas, kun vortaro en la mano, legi ĉiu, sen ia antaŭprepariĝo kaj eĉ sen bezono antaŭe tralegi ian antaŭparolon, klarigantan la uzadon de la vortaro; kaj homo klera, kiel oni vidos malsupre, eĉ la vortaron devas uzi tre malmulte.

Se vi deziras skribi, ekzemple, al iu hispano Madridon, sed nek vi scias lian lingvon, nek li vian, kaj vi dubas, ĉu li scias la lingvon internacian aŭ ĉu li eĉ aŭdis pri ĝi, — vi povas tamen kuraĝe skribi al li, kun la plena certeco, ke li vin komprenos! Ĉar, dank' al la dismembra konstruo de la lingvo internacia, la tuta vortaro, kiu estas necesa por la ordinara vivo, okupas, kiel oni vidas el la almetita ekzemplero, ne pli ol malgrandan folieton, eniras oportune en la plej malgrandan koverton kaj povas esti ricevita por kelke da centimoj en kia ajn lingvo, — tial vi bezonas nur skribi leteron en la lingvo internacia, enmeti en la leteron hispanan ekzempleron de la vortareto, — kaj la adresito vin jam komprenos, ĉar tiu ĉi vortareto ne sole prezentas oportunan plenan ŝlosilon por la letero, sed ĝi mem jam klarigas sian difinon kaj manieron de uzado. Dank' al la plej vasta reciproka kunigebleco de la vortoj, oni povas per helpo de tiu ĉi malgranda vortaro esprimi ĉion, kio estas necesa en la ordinara vivo; sed, kompreneble, vortoj renkontataj malofte, vortoj teĥnikaj (kaj ankaŭ vortoj « fremdaj », supozeble konataj al ĉiuj, ekzemple « tabako », « teatro », « fabriko » k. t. p.) en ĝi ne estas troveblaj; tial se vi bezonas nepre uzi tiajn vortojn kaj anstataŭigi ilin per aliaj vortoj aŭ tutaj esprimoj estas neeble, tiam vi devos jam uzi vortaron plenan, kiun vi tamen ne bezonas transsendi al la adresato : vi povas nur apud la diritaj vortoj skribi en krampoj ilian tradukon en la lingvon de la adresato.

(b) Sekve, dank' al la supre montrita konstruo de la lingvo, mi povas kompreniĝadi per ĝi kun kiu mi volas. La sola maloportuneco (ĝis la komuna enkonduko de la lingvo) estos nur tio, ke mi bezonos ĉiufoje atendi, ĝis mia interparolanto analizos miajn pensojn. Por forigi kiom eble ankaŭ tiun ĉi maloportunecon (almenaŭ ĉe komunikiĝado kun homoj kleraj), mi agis en la sekvanta maniero : la vortaron mi kreis ne arbitre, sed kiom eble el vortoj konataj al la tuta klera mondo. Tiel ekzemple la vortojn, kiuj estas egale uzataj en ĉiuj civilizitaj lingvoj (la tiel nomatajn « fremdajn » kaj « teĥnikajn »), mi lasis tute sen ia ŝanĝo; el la vortoj, kiuj en malsamaj lingvoj sonas malegale, mi prenis aŭ tiujn, kiuj estas komunaj al du tri plej ĉefaj Eŭropaj lingvoj, aŭ tiujn, kiuj apartenas nur al unu lingvo, sed estas popularaj ankaŭ ĉe la aliaj popoloj; en tiuj okazoj, kiam la donita vorto en ĉiu lingvo sonas alie, mi penis trovi vorton, kiu havus eble nur signifon proksimuman aŭ uzon pli maloftan, sed estus konata al la plej ĉefaj nacioj (ekzemple la vorto « proksima » en ĉiu lingvo sonas alie; sed se ni prenos la latinan « plej proksima » (proximus), tiam ni vidos, ke ĝi, en diversaj ŝanĝoj, estas uzata en ĉiuj plej ĉefaj lingvoj; sekve se mi la vorton « proksima » nomos proksim, mi estos pli aŭ malpli komprenata de ĉiu klera homo); en la ceteraj okazoj mi prenadis ordinare el la lingvo latina, kiel lingvo duone-internacia. (Mi flankiĝadis de tiuj ĉi reguloj nur tie, kie tion ĉi postulis apartaj cirkonstancoj, kiel ekzemple la evito de homonimoj, la simpleco de la ortografio k. t. p.). Tiamaniere ĉe korespondado kun meze-klera Eŭropano, kiu tute ne lernis la lingvon internacian, mi povas esti certa, ke li ne sole min komprenos, sed eĉ sen bezono tro multe serĉadi en la vortaro, kiun li uzos nur ĉe vortoj dubaj.

I. Patr'o Ni'a.

Patr'o ni'a, kiu est'as en la ĉiel'o, sankt'a est'u Vi'a nom'o, ven'u reĝ'ec'o Vi'a, est'u vol'o Vi'a, kiel en la ĉiel'o, tiel ankaŭ sur la ter'o. Pan'o'n ni'a'n ĉiu'tag'a'n don'u al ni hodiaŭ, kaj pardon'u al ni ŝuld'o'j'n ni'a'j'n, kiel ni ankaŭ pardon'as al ni'a'j ŝuld'ant'o'j; ne konduk'u ni'n en tent'o'n; sed liber'ig'u ni'n de la mal'ver'a, ĉar Vi'a est'as la reg'ad'o, la fort'o, kaj la glor'o etern'e. Amen!

II. El la Bibli'o.

Je la komenc'o Di'o kre'is la ter'o'n kaj la ĉiel'o'n. Kaj la ter'o est'is sen'form'a kaj dezert'a, kaj mal'lum'o est'is super la profund'aĵ'o, kaj la anim'o de Di'o si'n port'is super la akv'o. Kaj Di'o dir'is: est'u lum'o; kaj far'iĝ'is lumo. Kaj Di'o vid'is la lum'o'n ke ĝi est'as bon'a, kaj nom'is Di'o la lum'o'n tag'o, kaj la mal'lum'o'n Li nom'is nokt'o. Kaj est'is vesper'o, kaj est'is maten'o — unu tag'o. Kaj Di'o dir'is: est'u firm'aĵ'o inter la akv'o, kaj ĝi apart'ig'u akv'o'n de akv'o. Kaj Di'o kre'is la firm'aĵ'o'n kaj apart'ig'is la akv'o'n kiu est'as sub la firm'aĵ'o; kaj far'iĝ'is tiel. Kaj Di'o nom'is la firm'aĵ'o'n ĉiel'o. Kaj est'is vesper'o, kaj est'is maten'o — la du'a tag'o. Kaj Di'o dir'is: kolekt'u si'n la akv'o de sub la ĉiel'o unu lok'o'n, kaj montr'u si'n sek'aĵ'o; kaj far'iĝ'is tiel. Kaj Di'o nom'is la sek'aĵ'o'n ter'o, kaj la kolekt'oj'n de la akv'o Li nom'is mar'o'j.

III . Leter'o.

Kar'a amik'o!

Mi prezent'as al mi kia'n vizaĝ'o'n vi far'os post la ricev'o de mi'a leter'o. Vi rigard'os la sub'skrib'o'n kaj ek'kri'os: "ĉu li perd'is la saĝ'o'n? Je kia lingv'o li skrib'is? Kio'n signif'as la foli'et'o, kiu'n li aldon'is al si'a leter'o?" Trankvil'iĝ'u, mi'a kar'a! Mi'a saĝ'o, kiel mi almenaŭ kred'as, est'as tut'e en ordo.

Mi leg'is antaŭ kelk'a'j tag'o'j libr'et'o'n sub la nom'o "Lingv'o inter'naci'a". La aŭtor'o kred'ig'as, ke per tiu lingv'o oni pov'as est'i kompren'at'a de la tut'a mond'o, se eĉ la adres'it'o ne sol'e ne sci'as la lingv'o'n, sed eĉ ankaŭ ne aŭd'is pri ĝi; oni dev'as sol'e al'don'i al la leter'o mal'grand'a'n foli'et'o'n nom'at'a'n "vort'ar'o". Dezir'ant'e vid'i, ĉu tio est'as ver'a, mi skrib'as al vi en tiu lingv'o, kaj mi eĉ unu vort'o'n ne al'met'as en ali'a lingv'o, tiel kiel se ni tut'e ne kompren'us unu la lingv'o'n de la ali'a.

Respond'u al mi, ĉu vi efektiv'e kompren'is kio'n mi skrib'is. Se la afer'o propon'it'a de la aŭtor'o est'as efektiv'e bon'a, oni dev'as per ĉiu'j fort'o'j li'n help'i. Kiam mi hav'os vi'a'n respond'o'n, mi send'os al vi la libr'et'o'n; montr'u ĝi'n al ĉiu'j loĝ'ant'o'j de vi'a urb'et'o, send'u ĝi'n ĉiu'n vilaĝ'o'n ĉirkaŭ la urb'et'o, ĉiu'n urb'o'n kaj urb'et'o'n, kie vi nur hav'as amik'o'j'n aŭ kon'at'o'j'n.

Est'as neces'e ke grand'eg'a nombr'o da person'o'j don'u si'a'n voĉ'o'n — tiam post la plej mal'long'a temp'o est'os decid'it'a afer'o, kiu pov'as port'i grand'eg'a'n util'o'n al la hom'a societ'o.

IV. Mi'a pens'o.

Sur la kamp'o, for de l'mond'o,

Antaŭ nokt'o de somer'o

Amik'in'o en la rond'o

Kant'as kant'o'n pri l'esper'o.

Kaj pri viv'o detru'it'a

Ŝi rakont'as kompat'ant'e, —

Mi'a vund'o re'frap'it'a

Mi'n dolor'as re'sang'ant'e

* * *

"Ĉu vi dorm'as? Ho, sinjor'o,

Kial tia sen'mov'ec'o?

Ha, kred'ebl'e re'memor'o

El la kar'a infan'ec'o?"

Kio'n dir'i? Ne plor'ant'a

Pov'is est'i parol'ad'o

Kun fraŭl'in'o ripoz'ant'a

Post somer'a promen'ad'o!

* * *

Mi'a pens'o kaj turment'o,

Kaj dolor'o'j kaj esper'o'j!

Kiom de mi en silent'o

Al vi ir'is jam ofer'o'j!

Kio'n hav'is mi plej kar'a'n —

La jun'ec'o'n — mi plor'ant'a

Met'is mem sur la altar'o'n

De la dev'o ordon'ant'a!

* * *

Fajr'o'n sent'as mi intern'e,

Viv'i ankaŭ mi dezir'as, —

Io pel'as mi'n etern'e,

Se mi al gaj'ul'o'j ir'as . . .

Se ne plaĉ'as al la sort'o Mi'a pen'o kaj labor'o —
Ven'u tuj al mi la mort'o, En esper'o — sen dolor'o!

V. El Heine'.

En sonĝ'o princ'in'o'n mi vid'is

Kun vang'o'j mal'sek'a'j de plor'o, —

Sub arb'o, sub verd'a ni sid'is

Ten'ant'e si'n kor'o ĉe kor'o.

* * *

"De l'patr'o de l'vi'a la kron'o

Por mi ĝi ne est'as hav'ind'a;

For, for li'a sceptr'o kaj tron'o —

Vi'n mem mi dezir'as, am'ind'a!"

* * *

— "Ne ebl'e!" ŝi al mi re'dir'as:

"En tomb'o mi est'as ten'at'a,

Mi nur en la nokt'o el'ir'as

Al vi, mi'a sol'e am'at'a!"

VI. Ho, mi'a kor'.

Ho, mi'a kor', ne bat'u mal'trankvil'e.

El mi'a brust'o nun ne salt'u for!

Jam ten'i mi'n ne pov'as mi facil'e.

Ho, mi'a kor'!

* * *

Ho, mi'a kor'! Post long'a labor'ad'o.

Ĉu mi ne venk'os en decid'a hor'!

Sufiĉ'e! trankvil'iĝ'u de l'bat'ad'o.

Ho, mi'a kor'!

III

Mi finis la analizon de la ĉefaj ecoj de mia lingvo; mi montris, kiajn oportunecojn ĝi prezentas al sia ellerninto; mi pruvis, ke ĝia sukceso ne estas en ia ajn dependo de la rilato de la socio al ĝi, ke ĝi vere havas la rajton nomiĝi internacia lingvo, eĉ se neniu en la mondo dezirus aŭdi pri ĝi; ke ĝi vere donas al ĉiu sia ellerninto la eblecon interkompreniĝi kun ano de kiu ajn nacio, se tiu ano nur scias legi kaj skribi. Sed mia lingvo havas ankoraŭ alian celon: ne kontentigante je internacieco, ĝi devas ankoraŭ fariĝi tutmonda, t. e. atingi tion, ke la plejparto de la mondo scianta legi kaj skribi povu libere paroli ĝin. Kalkuli je subteno de la socio por atingi tiun celon - signifus starigi la konstruaĵon sur plej ŝancelebla fundamento, ĉar la grandega plimulto de la socio ne ŝatas subteni ion ajn kaj volas, ke oni donu al ĝi ĉion preta. Tial mi penis trovi rimedojn por atingi la celon sen la subteno de la socio.

Unu el tiuj rimedoj, kiun mi prezentos pli detale, formas ion similan al tutmonda voĉdono. Se ĉiu el la legantoj bone pripensus ĉion, kio estas prezentita pli supre, ĉiu devus veni al la konkludo, ke la scio de internacia lingvo estas por li senkondiĉe profita kaj pli ol pagas la malgrandan penon de ĝia ellerno; sekve, mi povus atendi, ke jam tuj de la komenco la lingvo estas akceptita de tutaj amasoj da homoj. Sed, dezirante pli volonte esti preta por tro malfavoraj cirkonstancoj ol esti entuziasmigata de tro rozkoloraj esperoj, mi supozas, ke da tiaj homoj en la unuaj tempoj troviĝos treege malmulte, ke sufiĉan profiton por si trovos en mia lingvo tre malmultaj, kaj ke por principo neniu oferos eĉ horon; ke grandega plimulto de miaj legantoj aŭ tute lasos la aferon sen atento, aŭ, dubante ĉu ilia laboro sin pagos komplete, ili ne kuraĝos eklerni mian lingvon pro timo, ke eble iu nomus ilin revuloj (nomo, kiun nuntempe la plejparto de homoj hontas pli ol ion alian). Sed kio estas necesa por igi tiun grandegan amason da indiferentuloj kaj maldecidemuloj komenci la lernadon de internacia lingvo?

Se ni, tiel dirante, enrigardos en la animon de ĉiu el tiuj indiferentuloj, ni ekscios la sekvanton: en principo neniu havas ion kontraŭ la enkonduko de internacia lingvo, kontraŭe, ĉiu estus tre ĝoja je tio; sed li dezirus, ke sen eĉ la plej malgranda peno aŭ ofero de lia flanko, oni unu belan matenon trovu, ke la plejparto de la mondo scianta legi kaj skribi posedas tiun ĉi lingvon; tiam, nature, eĉ la plej indiferenta persono rapidus lerni tiun ĉi lingvon, ĉar tiam estus jam treege malsaĝe ŝpari la etan laboron por lerni lingvon, kiu posedas la supre nomitajn ecojn kaj kiun krom tio la plejparto de la klera mondo jam posedas.

Por doni al la socio, sen eĉ plej malgranda pioniragado de kiu ajn flanko, ĉion en preta stato ; por ke, sen eĉ plej malgranda peno aŭ ofero de iu, oni unu belan matenon trovu, ke konsiderinda parto de la klera mondo jam ellernis aŭ publike promesis ellerni la lingvon internacian, mi agas en sekvanta maniero :

Tiu ĉi broŝuro estas dissendata tra la tuta mondo. Ne postulante ellernon de la lingvo, nek ion alian, kio kostas laboron, tempon aŭ monon, mi petas ĉiun leganton preni por unu minuto plumon, plenigi unu el la sube aldonitaj blanketoj kaj sendi ĝin al mi. La enhavo de la blanketo estas sekvanta :

"Mi, subskribita, promesas ellerni la proponitan de d-ro Esperanto lingvon internacian, se estos montrita, ke dek milionoj personoj donis publike tian saman promeson".

Sekvos subskribo kaj sigelo[19], kaj sur la alia flanko de la blanketo — legeble skribita plena nomo kaj preciza adreso.

Tiu, kiu havas principe ion kontraŭ lingvo internacia, alsendu la diritan blanketon kun trastrekita teksto kaj kun surskribo "kontraŭ". De alia parto tiuj, kiuj

---

19) *Personoj kiuj ne posedas propran sigelilon, povas anstataŭi ĝin per sigelo de iu alia persono, kiu en tiu okazo garantias la aŭtentecon de la subskribo.

ekdezirus lerni la lingvon en ĉiu okazo, sendepende de la nombro de l' alsenditaj promesoj, trastreku la duan parton de la teksto kaj anstataŭu ĝin per surskribo : "senkondiĉe".

La subskribo de la dirita promeso ne postulas eĉ plej malgrandan oferon aŭ penon kaj, en okazo de malsukceso de la afero, devigas al nenio ; ĝi devigas nur ellerni la lingvon en la okazo, ke dek milionoj aliaj kleraj personoj ĝin ellernos; sed tiam ĝi kompreneble ne estos jam ofero de la flanko de la subskribinto, sed afero, kiun li eĉ sen ia promeso estus rapidinta ekpreni. Sed samtempe, subskribinte la karteton, ĉiu, nenion oferante persone, rapidigos la plenumon de la tradicia idealo de l' homaro.

Kiam la nombro de l' alsenditaj subskriboj atingos dek milionojn, tiam ĉiuj nomoj kaj adresoj estos publikigitaj en aparta libro, kaj sekvantan matenon post la apero de la libro oni trovos, ke dek milionoj aŭ pli dahomoj estas devigintaj sin unu antaŭ la alia ellerni la lingvon internacian,— kaj la problemo estos solvita.

Oni povas kolekti subskribojn por ĉia afero, sed oni trovos ne multajn deziremulojn doni sian subskribon, kvankam la afero estu treege supera kaj komune utila ; sed se tiu subskribo, helpante la plenumon de granda idealo, postulas de la subskribinto absolute nenian materian aŭ moralan oferon, absolute neniajn klopodojn, tiam ni havas plenan rajton esperi, ke neniu rifuzos sian subskribon. Ĉar en tia okazo la rifuzo estus jam ne profitemo, sed krimo, ne malzorgema rilato al la komuna afero, sed pripensita kontraŭbatalo de ĝi; rifuzo en tiaj okazoj povas esti klarigata nur per timemo de iu aristokrato de sango, scienco aŭ mono, ke lia nomo ne ektroviĝu vice de la nomo de persono staranta pli malsupre ol li.

Sed mi permesas al mi esperi, ke oni trovos malmultajn homojn, kiuj pro tia malplena vaneco decidus malrapidigi komunan homaran aferon. Ne estas ia dubo, ke neniu povas havi ion kontraŭ enkonduko de internacia lingvo ĝenerale; sed se iu ne aprobas la internacian lingvon en tiu aspekto, en kiu ĝi estas proponita de mi, li alsendu anstataŭ la supredirita promeso proteston, sed doni ĝenerale ian voĉon en tiu ĉi afero estas la devo de ĉiu klera homo, de ĉiu aĝo, sekso kaj rango, des pli ke tiu ĉi voĉdono postulas nur kelkajn minutojn por plenigi la pretan blanketon, kaj kelkajn kopekojn da poŝtpagoj.

Sen iu senkulpiĝo antaŭ la socio restos en estonteco tiuj personoj, kies nomoj troviĝos nek en la fako de la promesintoj, nek en la fako de la rifuzintoj. Neniu esperu senkulpiĝi per tio, ke li „ne aŭdis pri la proponita voĉdono", ĉar oni prenos ĉiujn mezurojn por ke ĉiuj sciu pri la voĉdono.

Mi petas la redakciojn de ĉiuj gazetoj kaj ĵurnaloj redoni la enhavon de mia alvoko ; ĉiun apartan personon mi petas sciigi mian proponon al amikoj kaj konatuloj.

Jen ĉio, kion mi konsideris necesa diri pri mia afero. Mi estas malproksime de tio, ke mi rigardu la proponitan de mi lingvon kiel ion perfektan, pli alta kaj pli bona ol kiu nenio plu povas esti ; sed mi penis, kiel eble, kontentigi ĉiujn postulojn, kiujn oni povas meti al la lingvo internacia, kaj nur post kiam mi estas sukcesinta solvi ĉiujn de mi starigitajn problemojn (pro la spaco de la broŝuro mi pritraktis tie ĉi nur la plej esencajn), kaj post multjara pripensado de la afero, mi decidiĝis aperi kun ĝi antaŭ la publiko.

Sed mi estas homo, kaj mi povis erari, povis fari iun nepardoneblan maltrafon, povis lasi nealigita al la lingvo ion, kio estus por ĝi tre utila. Tial, antaŭ ol eldoni plenajn vortarojn kaj komenci eldonon de gazetoj, libroj k. t. p., mi prezentas mian verkon por unu jaro al prijuĝo de la publiko kaj min turnas al la tuta klera mondo kun peto eldiri al mi sian opinion pri la proponita de mi lingvo. Ĉiu informu min skribe pri tio, kion li konsideras necesa ŝanĝi, plibonigi, aldoni k. t. p.

El la alsenditaj al mi rimarkoj mi danke uzos ĉiujn

tiujn, kiuj montriĝos vere kaj sendube utilaj, ne detruante la fundamentajn ecojn de la lingvo, t. e. la facilecon de ĝia ellerno kaj ĝian nepran taŭgecon por internaciaj rilatoj sendepende de la nombro de l' adeptoj. Post tiuj eblaj ŝanĝoj, kiuj en tia okazo estos publikigitaj en speciala broŝuro, por la lingvo estos fiksita definitiva, konstanta formo.

Se tiuj korektoj aperus nesufiĉaj al iu, tiu ne devas forgesi, ke la lingvo ankaŭ en estonteco ne estos fermita por ĉiuspecaj plibonigoj, nur kun tiu diferenco, ke tiam la rajto ŝanĝi ne plu apartenos al mi, sed al aŭtoritata, komune akceptita akademio de tiu ĉi lingvo.

Estas malfacile krei internacian lingvon kaj enkonduki ĝin en la uzadon, jen kial al tio ĉi oni nun devas direkti la ĉefan atenton; sed kiam foje la lingvo jam estos enradikiĝinta kaj enkondukita en komunan uzon, tiam la konstanta aŭtoritata akademio povos en okazo de neceso facile, iom post iom kaj nerimarkeble enkondukadi ĉiuspecajn necesajn plibonigojn, kvankam ĝi eĉ iutempe estus devigata ŝanĝi la lingvon ĝis nerekonebleco. Tial mi permesas al mi peti tiujn legantojn, kiuj pro iu kaŭzo estus malkontentaj je mia lingvo, sendadi al mi protestojn anstataŭ la promesoj nur en okazo, se ili havus por tio seriozajn kaŭzojn, se ili trovus en la lingvo malutilajn flankojn, kiuj estonte ne estus ŝanĝeblaj.

La verkon, kiu kostis al mi multe da tempo kaj sano, mi transdonas nun al la favora atento de la socio. Mi esperas, ke ĉiu, al kiu la komunaj homaraj aferoj estas karaj, etendos al mi la manon de helpo kaj subtenos la proponitan de mi aferon, tiom kiom li estos kapabla. La cirkonstancoj montros al ĉiu, per kio li povas esti utila al la afero; mi nur permesas al mi altiri la atenton de l' amikoj de lingvo internacia al tio, ke la plej grava punkto, al kiu niaj okuloj devas esti direktitaj, — estas la sukceso de la voĉdono.

Faru ĉiu, kion li povas, kaj en la plej mallonga tempo ni posedos tion, pri kio la homoj jam de longe revas — la lingvon tuthomaran.

 La aŭtoro petas la leganton bonvole plenigi kaj sendi al li unu el la sube aldonitaj blanketoj, kaj disdoni la aliajn kun la sama celo al amikoj kaj konatuloj.

Author's Address: Dr. Esperanto,

c/o Dr. L. Samenhof, Warsaw,

Russ-Poland

Promes'o.

Mi, sub'skrib'it'a, promes'as el'lern'i la propon'it'a'n de d-ro Esperanto lingv'o'n inter'naci'a'n, se est'os montr'it'a, ke dek milion'o'j person'o'j don'is publik'e tia'n sama'n promes'o'n.

Sub'skrib'o:

Promes'o.

Mi, sub'skrib'it'a, promes'as el'lern'i la propon'it'a'n de d-ro Esperanto lingv'o'n inter'naci'a'n, se est'os montr'it'a, ke dek milion'o'j person'o'j don'is publik'e tia'n sama'n promes'o'n.

Sub'skrib'o:

Promes'o.

Mi, sub'skrib'it'a, promes'as el'lern'i la propon'it'a'n de d-ro Esperanto lingv'o'n inter'naci'a'n, se est'os montr'it'a, ke dek milion'o'j person'o'j don'is publik'e tia'n sama'n promes'o'n.

Sub'skrib'o:

Promes'o.

Mi, sub'skrib'it'a, promes'as el'lern'i la propon'it'a'n de d-ro Esperanto lingv'o'n inter'naci'a'n, se est'os montr'it'a, ke dek milion'o'j person'o'j don'is publik'e tia'n sama'n promes'o'n.

Sub'skrib'o:

Nom'o: **Adres'o:**	**Nom'o:** **Adres'o:**
Nom'o: **Adres'o:**	**Nom'o:** **Adres'o:**

Promes'o.

Mi, sub'skrib'it'a, promes'as el'lern'i la propon'it'a'n de d-ro Esperanto lingv'o'n inter'naci'a'n, se est'os montr'it'a, ke dek milion'o'j person'o'j don'is publik'e tia'n sama'n promes'o'n.

Sub'skrib'o:

Promes'o.

Mi, sub'skrib'it'a, promes'as el'lern'i la propon'it'a'n de d-ro Esperanto lingv'o'n inter'naci'a'n, se est'os montr'it'a, ke dek milion'o'j person'o'j don'is publik'e tia'n sama'n promes'o'n.

Sub'skrib'o:

Promes'o.

Mi, sub'skrib'it'a, promes'as el'lern'i la propon'it'a'n de d-ro Esperanto lingv'o'n inter'naci'a'n, se est'os montr'it'a, ke dek milion'o'j person'o'j don'is publik'e tia'n sama'n promes'o'n.

Sub'skrib'o:

Promes'o.

Mi, sub'skrib'it'a, promes'as el'lern'i la propon'it'a'n de d-ro Esperanto lingv'o'n inter'naci'a'n, se est'os montr'it'a, ke dek milion'o'j person'o'j don'is publik'e tia'n sama'n promes'o'n.

Sub'skrib'o:

Nom'o:

Adres'o:

Nom'o:

Adres'o:

Nom'o:

Adres'o:

Nom'o:

Adres'o:

PLENA GRAMATIKO DE ESPERANTO

A. Alfabeto

Aa, Bb, Cc, Ĉĉ, Dd, Ee, Ff, Gg, Ĝĝ,

Hh, Ĥĥ, Ii, Jj, Ĵĵ, Kk, Ll, Mm, Nn,

Oo, Pp, Rr, Ss, Ŝŝ, Tt, Uu, Ŭŭ, Vv, Zz.

Rimarko. Presejoj, kiuj ne posedas la literojn ĉ, ĝ, ĥ, ĵ, ŝ, ŭ, povas anstataŭ ili uzi ch, gh, hh, jh, sh, u.

B. Reguloj

(1) *Artikolo* nedifinita ne ekzistas; ekzistas nur artikolo difinita (*la*), egala por ĉiuj seksoj, kazoj kaj nombroj.

Rimarko. La uzado de la artikolo estas tia sama, kiel en la aliaj lingvoj. La personoj, por kiuj la uzado de la artikolo prezentas malfacilaĵon, povas en la unua tempo tute ĝin ne uzi.

(2) La *substantivoj* havas la finiĝon *o*. Por la formado de la multenombro oni aldonas la finiĝon *j*. Kazoj ekzistas nur du : nominativo kaj akuzativo; la lasta estas ricevata el la nominativo per la aldono de la finiĝo *n*. La ceteraj kazoj estas esprimataj per helpo de prepozicioj (la genitivo per *de*, la dativo per *al*, la ablativo per *per* aŭ aliaj prepozicioj laŭ la senco).

(3) La *adjektivo* finiĝas per *a*. Kazoj kaj nombroj kiel ĉe la substantivo. La komparativo estas farata per la vorto *pli*, la superlativo per *plej*; ĉe la komparativo oni uzas la prepozicion *ol*.

(4) La *numeraloj* fundamentaj (ne estas deklinaciataj) estas : *unu, du, tri, kvar, kvin, ses, sep, ok, naŭ, dek, cent, mil*. La dekoj kaj centoj estas formataj per simpla kunigo de la numeraloj. Por la signado de numeraloj ordaj oni aldonas la finiĝon de la adjektivo; por la multoblaj — la sufikson *obl*, por la nombronaj — *on*, por la kolektaj — *op*, por la disdividaj — la vorton *po*. Krom tio povas esti uzataj numeraloj substantivaj kaj adverbaj.

(5) *Pronomoj* personaj : *mi, vi, li, ŝi, ĝi* (pri objekto aŭ besto), *si, ni, vi, ili, oni*; la pronomoj posedaj estas formataj per la aldono de la finiĝo adjektiva. La deklinacio estas kiel ĉe la substantivoj.

(6) La *verbo* ne estas ŝanĝata laŭ personoj nek nombroj. Formoj de la verbo : la tempo estanta akceptas la finiĝon -*as*; la tempo estinta -*is*; la tempo estonta -*os*; la modo kondiĉa -*us*; la modo ordona -*u*; la modo sendifina -*i*. Participoj (kun senco adjektiva aŭ adverba) : aktiva estanta -*ant*; aktiva estinta -*int*; aktiva estonta -*ont*; pasiva estanta -*at*; pasiva estinta -*it*; pasiva estonta -*ot*. Ĉiuj formoj de la pasivo estas formataj per helpo de responda formo de la verbo *esti* kaj participo pasiva de la bezonata verbo; la prepozicio ĉe la pasivo estas *de*.

(7) La *adverboj* finiĝas per *e*; gradoj de komparado kiel ĉe la adjektivoj.

(8) Ĉiuj *prepozicioj* postulas la nominativon.

C. Reguloj Ĝeneralaj

(9) Ĉiu vorto estas legata, kiel ĝi estas skribita.

(10) La akcento estas ĉiam sur la antaŭlasta silabo.

(11) Vortoj kunmetitaj estas formataj per simpla kunigo de la vortoj (la ĉefa vorto staras en la fino); la gramatikaj finiĝoj estas rigardataj ankaŭ kiel memstaraj vortoj.

(12) Ĉe alia nea vorto la vorto *ne* estas forlasata.

(13) Por montri direkton, la vortoj ricevas la finiĝon de la akuzativo.

(14) Ĉiu prepozicio havas difinitan kaj konstantan signifon; sed se ni devas uzi ian prepozicion kaj la rekta senco ne montras al ni, kian nome prepozicion ni devas preni, tiam ni uzas la prepozicion *je*, kiu memstaran signifon ne havas. Anstataŭ la prepozicio *je* oni povas ankaŭ uzi la akuzativon sen prepozicio.

(15) La tiel nomataj vortoj *fremdaj*, t. e. tiuj, kiujn la plimulto de la lingvoj prenis el unu fonto, estas uzataj en la lingvo Esperanto sen ŝanĝo, ricevante nur la ortografion de tiu ĉi lingvo; sed ĉe diversaj vortoj de unu radiko estas pli bone uzi senŝanĝe nur la vorton fundamentan kaj la ceterajn formi el tiu ĉi lasta laŭ la reguloj de la lingvo Esperanto.

(16) La fina vokalo de la substantivo kaj de la artikolo povas esti forlasata kaj anstataŭigata de apostrofo.

Vort‚ar‚o por Rus‚o‚j <에스페란토-러시아어 사전>(1)

Vort,ar,o por Rus,o,j <에스페란토-러시아어 사전>(2)

Dr. ESPERANTO.

JĘZYK

MIĘDZYNARODOWY.

PRZEDMOWA

i.

PODRĘCZNIK KOMPLETNY.

[por Poloj]

Aby język stał się powszechnym, nie
wystarcza nazwać go takim.

Cena kop. 15.

WARSZAWA.

w Druk. i Lit. Ch. Keltera, ul. Nowolipie № 11.

1887.

Polski Związek Esperantystów
Centrum Oświatowo-Wydawnicze
„RITMO"
Warszawa 1984
nakład 3000+200 egz.
wydanie II (reprint z I wydania z 1887 r.)
druk: SIMP-ZODOK z. 55/84
ISBN 83-7013-004-6

Dr. ESPERANTO.

JĘZYK

MIĘDZYNARODOWY.

PRZEDMOWA

i

PODRĘCZNIK KOMPLETNY.

[por Poloj]

Aby język stał się powszechnym, nia
wystarcza nazwać go takim.

Cena kop. 15.

WARSZAWA.

Druk. i Lit. Ch. Keltera, ul. Nowolipie № 11.

1887.

67

ДОЗВОЛЕНО ЦЕНЗУРОЮ

Варшава 9 Iюля 1887 года.

☞ Język międzynarodowy, jak każdy narodowy, jest własnością ogółu; autor zrzeka się na zawsze wszelkich praw osobistych do niego.

PRZEDMOWA.

Czytelnik weźmie prawdopodobnie niniejszą bro-szurę do rąk z nieufnością, przypuszczając, że chodzi tu o niemożliwą do urzeczywistnienia utopję; przede-wszystkiem więc upraszam czytelnika, aby zrzekł się swego uprzedzenia i rzecz, z którą występuję, trakto-wał poważnie i krytycznie.

Nie mam zamiaru rozwodzić się tu nad doniosłem znaczeniem, jakieby miało dla ludzkości wprowadze-nie jednego, przez wszystkich bezwarunkowo uznanego **międzynarodowego języka,** któryby, będąc wspólną własnością całego świata, nie należał specjalnie do ża-dnego z istniejących narodów. Ileż to marnuje się czasu i pracy na naukę języków obcych, a mimo to, wyjeżdżając za granice ojczyzny zwykle nie jesteśmy w stanie porozumieć się z podobnymi do siebie ludźmi. Ileż to marnuje się czasu, pracy i pieniędzy, aby utwory jednego piśmiennictwa przyswoić innym piś-miennictwom, a jednakże z tłomaczeń możemy po-znać nieznaczną zaledwie część piśmiennictw obcych. Owóż, gdyby istniał język międzynarodowy, wszyst-kich tłomaczeń dokonywanoby wyłącznie na ten ostatni, jako na język powszechny, dla wszystkich zrozumiały, a dzieła, mające same przez się cechę międzynarodową, pisanoby oryginalnie w tym języku. Zniknąłby mur chiński, przedzielający piśmiennictwa, utwory innych narodów byłyby dla nas równie do-stępne, jak utwory własnego naszego narodu. Lektura

stałaby się wspólną dla wszystkich, a wraz z nią
wychowanie, ideały, przekonania, dążenia,—i narody
połączyłyby się w jedną rodzinę. Zmuszeni czas nasz
poświęcać kilku naraz językom, żadnego z nich nale-
życie zgłębić nie możemy, a przeto z jednéj strony
niewielu z nas posiada dokładnie bodaj język ojczy-
sty, z drugiéj zaś same języki nie mogą się nale-
życie wydoskonalić i, mówiąc językiem ojczystym,
często zmuszeni jesteśmy zapożyczać od cudzoziem-
ców słowa i wyrażenia, lub też wyrażać się nie-
dokładnie z powodu ubóstwa języka w tym lub
owym kierunku. Inaczéj rzecz by się miała, gdyby
każdy z nas posiadał dwa tylko języki; wówczas wła-
dalibyśmy nimi lepiéj, same zaś języki więcéjby się
rozwijały i wzbogacały i dosięgłyby wyższego stopnia
doskonałości, aniżeli którykolwiek ze współczesnych
języków. A przecież język jest główną dźwignią cy-
wilizacji, dzięki to jemu wywyższyliśmy się tak
znacznie nad zwierzęta. Różnica językowa jest pod-
stawą różnicy i nienawiści zobopólnéj narodów, albo-
wiem język przedewszystkicm wpada w oczy przy
spotkaniu się ludzi: nie mogąc się porozumieć, stro-
nimy od siebie. Spotykając się z ludźmi, nie pytamy,
jakie są ich przekonania polityczne, w jakiéj części
świata się urodzili, gdzie mieszkali ich przodkowie
kilka tysięcy lat temu: ale zaledwie ci ludzie prze-
mówią, wnet każdy dźwięk ich mowy przypomina,
że są nam oni obcymi. Komu kiedykolwiek zdarzyło się
przebywać w mieście, zamieszkanem przez rozmaite,
walkę toczące z sobą narodowości, ten bezwątpie-
nia zrozumiał, jak olbrzymią usługę oddałby ludz-
kości język międzynarodowy, który, *nie wdzierając się*

70

za pomocą tych języków! Jeżeli dla wszechświatowości
języka wystarcza, aby takim go nazwali, w takim razie
każdy istniejący język może zostać wszechświatowym
na żądanie każdéj pojedyńczéj osobistości. Ponieważ
owe próby naiwnie były obliczone na radosne przy-
jęcie przez świat cały i na jednomyślną jego sankcję,
a ta właśnie jednomyślna zgoda jest rzeczą najnie-
możliwszą w obec naturalnéj obojętności świata wzglę-
dem prób gabinetowych, które mu nie przynoszą bez-
warunkowéj korzyści, — nic więc dziwnego, że próby
te zrobiły kompletne fiasko. Znaczna część świata
wcale nie zainteresował się niemi, a ci, których one
obchodziły, sądzili, iż nie warto marnować czasu na
nauczenie się języka, którego nikt nie zrozumie prócz
autora. Niechaj się wpierw, mówili, nauczy tego ję-
zyka świat cały, lub choćby kilka miljonów ludzi,
wtedy i ja się go nauczę. I rzecz, któraby mogła przy-
nieść korzyść każdemu pojedyńczemn adeptowi wów-
czas dopiero, gdyby już wprzód istniała massa innych
adeptów, nie znajdowała, rzecz prosta, żadnego zwo-
lennika i, że tak powiem, martwą przychodziła na
świat. A jeżeli jedna z ostatnich prób tego rodzaju
„Volapük" pozyskała, jak utrzymują, pewną ilość
adeptów, to tylko dla tego, że sama idea języka „wszech-
światowego" tak dalece jest podniosłą i pociągającą,
iż entuzjaści, skłonni do torowania nowych idei, po-
święcają swój czas w nadziei, że może sprawa się po-
wiedzie. Lecz ilość entuzjastów dojdzie do pewnéj
summy *) i—zatrzyma się, a zimny, obojętny świat nie

---

*) Nie można naturalnie utożsamiać ilości sprzedanych egzemplarzy
z ilością adeptów, którzy nauczyli się języka.

zechce poświęcać swego czasu na to jedynie, by módz porozumiewać się z nieliczną garstką, i język ten, jak i poprzednie próby, zginie, nie przyniosłszy żadnego zgoła pożytku.

Kwestja języka powszechnego zajmowała mię oddawna; lecz, nie czując się ani zdolniejszym, ani energiczniejszym od autorów wszystkich bezowocnie przebrzmiałych prób, przez długi czas zadawalniałem się marzeniem i mimowolnem zastanawianiem się nad tą kwestją. Ale kilka szczęśliwych myśli, które były owocem tego mimowolnego rozmyślania, zachęciły mnie do dalszéj pracy i skłoniły do spróbowania, ażali się nie uda systematycznie przezwyciężyć wszystkich przeszkód, stojących na drodze do stworzenia i wprowadzenia w użycie racjonalnego języka powszechnego. Zdaje mi się, że rzecz ta mniéj więcéj mi się powiodła, występuję więc z tym owocem długiéj, wytrwałéj pracy przed sąd czytającego świata.

Główne zagadnienia, które należało rozwiązać były następujące:

I) *Aby język był nadzwyczaj łatwym tak, by nauka jego była igraszką.*

II) *Aby każdy, kto się tego języka nauczy, mógł zeń natychmiast korzystać dla porozumienia się z ludźmi rozmaitych narodowości bez względu na to, czy będzie on uznany przez świat i czy znajdzie wielu adeptów lub też nie, — t. j. aby język zaraz z samego początku mógł zostać istotnym środkiem do stosunków międzynarodowych.*

III) *Znaleźć środek dla przezwyciężenia obojętności świata i do naklonienia go, aby jaknajprędzéj i en masse zaczął używać proponowanego języka, jako jezyka ży-*

*wego, nie zaś z kluczem w ręku i tylko w razie ostate-
czné) konieczności.*

Ze wszystkich projektów przedstawionych rozmai-
temi czasy publiczności, nieraz pod szumną, niczem
zgoła nieusprawiedliwioną, nazwą „języka powszechnego",
żaden nie rozwiązywał więcéj nad *jedno* ze wzmianko-
wanych zagadnień, a i to nawet *częściowo* tylko.

(Prócz przytoczonych trzech głównych zadań na-
leżało jeszcze, rzecz. prosta, rozwiązać wiele innych,
ale o tych jako o podrzędnych mówić tu nie będę.
Zanim przejdę do wyłuszczenia sposobu, w jaki rozwią-
załem owe zagadnienia, muszę prosić czytelnika, aby
się zastanowił trochę nad ich znaczeniem i aby zbyt
nie lekceważył sposobu ich rozwiązania jedynie dla
tego, że być może wyda mu się zanadto prostym. Proszę
o to dla tego, że znam pochopność większości ludzi
do traktowania rzeczy z tem większą czcią, im ona
jest więcéj zagadkową, poważną rozmiarem i trudną
do strawienia. Tacy ludzie, jeżeli zobaczą króciuchny
podręcznik z najprostszemi, dla każdego łatwo zrozu-
miałemi regułami, gotowi traktować go z pogardą,
podczas gdy właśnie osiągnięcie téj prostoty i krótkości
i sprowadzenie każdéj rzeczy z zawikłanéj formy pier-
wotnéj do najłatwiejszéj — stanowiło najtrudniejszą
część pracy).

I.

Pierwsze zadanie rozwiązałem w sposób następujący:

a) Uprościłem do najwyższego stopnia gramatykę,
a to z jednéj strony w duchu języków nowożytnych
dla ułatwienia jej nauki, z drugiej zaś—nie pozbawia-
jąc przez to języka jasności, dokładności i giętkości.

74

Całéj gramatyki mego języka można się doskonale na-
uczyć w ciągu jednéj godziny. Jak dalece takiego
rodzaju gramatyka ułatwia naukę języka, jest rzeczą
dla każdego zrozumiałą.

b) Dałem prawidła dla tworzenia słów, przez co
wprowadziłem ogromną ekonomię pod względem ilości
wyrazów, potrzebnych do nauczenia się języka, nietylko
nie pozbawiając go tem bogactwa, lecz przeciwnie,
czyniąc go, dzięki możności tworzenia z jednego wy-
razu wielu innych i wyrażania wszelkich odcieni po-
jęć, bogatszym od najbogatszych języków nowożytnych.
Osiągnęłem tego przez wprowadzenie rozmaitych przy-
rostków i przybranek, za pomocą których każdy może
z jednego wyrazu utworzyć wiele innych, nie potrze-
bując uczyć się ich. (Dla dogodności nadałem tym
przyrostkom i przybrankom znaczenie wyrazów samo-
istnych i jako takie zamieszczone zostały w słowniku).
Naprzykład:

1) Przybranka *mal* oznacza proste przeciwieństwo
pojęcia; znając przeto słowo „dobry" (*bon,a*), sami już
możemy utworzyć słowo „zły" (*mal,bon,a*), egzystencja
więc osobnego wyrazu dla pojęcia „zły" jest zbyteczną.
Alt,a wysoki—*mal,alt,a* nizki, *estim,i* poważać—*mal,-
estim,i* gardzić i t. p. Nauczywszy się tedy wyrazu *mal*,
wolni jesteśmy od uczenia się ogromnego szeregu słów
jak np. „twardy" (znając „miękki"), „zimny", „stary",
„brudny", „daleki", „biedny", „ciemność", „hańba",
„nienawidzieć", „przeklinać" i t. d. i t. d.

2) Przyrostek *in* oznacza rodzaj żeński; znając
przeto wyraz „brat" *(frat,o)* sami możemy już utwo-
rzyć „siostra" *(frat,in,o)*, ojciec *patr,o,*—matka *patr,in,o.*

75

Zbyteczne więc są wyrazy „babka", „córka", „narzeczona", „dziewczyna", „kura'", „krowa" i t. d.

3) Przyrostek *il*—narzędzie danéj czynności. Np. *tranĉ,i* rznąć— *tranĉ,il,o* nóż; zbyteczne są: „grzebień", „siekiera", „dzwon", „pług" i t. d.

4) I tym podobne (około 50).

Nadto przyjąłem ogólną regułę, że wszystkie wyrazy, które już teraz stały się międzynarodowymi (czyli tak zwane wyrazy „cudzoziemskie") nie ulegają w języku międzynarodowym żadnéj zmianie, lecz stosują się tylko do pisowni międzynarodowéj. W ten sposób ogromna ilość słów staje się zbyteczną do nauki, jak np. „lokomotywa", „redakcja", „telegraf'", „nerw", „temperatura'", „centr", „forma", „platyna", „botanika", „figura", „wagon", „komedja", „eksploatować", „deklamować", „adwokat", „doktór", „teatr'" i t. d. i t. d.

Dzięki przytoczonym regułom i kilku innym jeszcze właściwościom języka, o których uważam za zbyteczne tu wzmiankować,—język staje się nader łatwym i cała praca nauczenia się go redukuje się do zapamiętania 900 słów (wliczając już w to wszystkie końcówki, przybranki i przyrostki), z których według reguł określonych można bez szczególnych zdolności i natężenia umysłu, utworzyć wszystkie słowa, wyrażenia i zwroty niezbędne w życiu codziennem. (Zresztą i owe 900 wyrazów, jak to zobaczymy niżéj, tak zostały wybrane, że dla cokolwiek wykształconego człowieka nauczenie się ich jest nadzwyczaj łatwem). Nauka tego dźwięcznego, bogatego i zrozumiałego dla całego świata (co do przyczyn ob. niżéj) języka wymaga w ten sposób nie całego szeregu lat, jak nauka innych języków, lecz posiąść go można zupełnie w ciągu *kilku dni* *)

II.

Drugie zadanie rozwiązałem w sposób następujący:

a) Wprowadziłem zupełne rozczłonkowanie pojęć na samoistne wyrazy tak, że cały język zamiast wyrazów w rozmaitych formach gramatycznych składa się tylko z wyrazów *nieodmiennych*. Jeżeli weźmiecie dzieło napisane w moim jezyku, to przekonacie się, że tam każde słowo *zawsze* i *jedynie* znajduje się w jednéj stałéj formie, — w téj mianowicie, w jakiéj zamieszczonem zostało w słowniku. Różne zaś formy gramatyczne, wzajemny stosunek słów i t. p. wyrażone są przez *połączenie* słów nieodmiennych. Lecz ponieważ podobna budowa języka zupełnie jest obcą narodom europejskim, któreby też z trudnością mogły się do nich przyzwyczaić, przystosowałem zupełnie to rozczłonkowanie do ducha języków europejskich tak, że kto się uczy mego języka z podręcznika, nie przeczytawszy wpierw przedmowy (która dla uczącego się zupełnie jest zbyteczną), — ten nie domyśli się nawet, że budowa tego języka różni się czemkolwiek od budowy jego ojczystego języka. Tak np. pochodzenie wyrazu *fratino*, który w rzeczywistośei składa się z trzech słów: *frat* (brat), *in* (kobieta, samica) *o* (to co jest, istnieje) (= to co jest kobieta brat = siostra), — podręcznik objaśnia w następujący sposób: brat = *frat;* lecz ponieważ każdy rzeczownik ma w pierw-

---

*) Każdy się o tem łatwo przekonać może, gdyż do tej broszury dołączony jest *podręcznik. kompletny.*

77

szym przypadku końcówkę *o* — więc *frat,o;* dla utworzenia zaś rodzaju żeńskiego wtrąca się przyrostek *in* — ztąd więc siostra — *frat,in,o.* Kréski pionowe piszą się na téj zasadzie, że gramatyka każe je stawić pomiędzy pojedyńczemi częściami składowemi wyrazu. W ten sposób rozczłonkowanie języka bynajmniéj nie przeszkadza uczącemu się; nie domyśla się on nawet, że to, co nazywa końcówką, przybranką lub przyrostkiem, jest zupełnie samoistnem słowem, które zawsze zachowuje jednakowe znaczenie bez względu na to, czy użytem zostało na końcu, czy na początku, czy też w środku innego słowa, czy wreszcie samoistnie; że każde słowo może być z jednakową racją użyto, jako wyraz pierwotny lub też jako partykuła gramatyczna. Tymczasem z takiéj budowy języka wynika, że wszystko co napiszecie w języku międzynarodowym, natychmiast zrozumie (ze słownikiem lub bez niego) jaknajdokładniéj każdy, kto nie tylko że nie nauczył się uprzednio gramatyki języka, ale nigdy nawet nie słyszał o jego istnieniu. Objaśnię to na przykładzie: znalazłem się wśród polaków nie umiejąc ani słowa po polsku; muszę koniecznie porozumieć się z kimś, piszę więc na świstku w języku międzynarodowym, dajmy na to, następujące zdanie:

Mi ne sci,as kie mi las,is la baston,o,n; ĉu vi ĝi,n ne vid,is?

Podaję interlokutorowi międzynarodowo-polski słownik i wskazuję mu na nagłówek, gdzie wielkiemi literami wydrukowano następujące zdanie: „ *Wszystko co napisano w języku międzynarodowym można zrozumieć przy pomocy tego słownika. Wyrazy stanowiące razem*

78

jedno pojęcie pisze się razem, lecz oddziela się kréską pionową; tak naprzykład wyraz „frat,in,o", stanowiący jedno pojęcie, złożony jest z trzech wyrazów, z których każdego należy szukać oddzielnie". Jeżeli mój interlokutor nie słyszał o języku międzynarodowym, to z początku wytrzeszczy oczy, ale weźmie podany mu papierek, poszuka według udzielonych mu wskazówek w słowniku i znajdzie co następuje:

Mi	{ *mi* ja	} ja
ne	{ *ne* nie	} nie
sci,as	{ *sci* wiedzieć { *as* oznacza czas teraźniejszy	} wiem
kie	{ *kie* gdzie	} gdzie
mi	{ *mi* ja	} ja
las,is	{ *las* zostawiać { *is* oznacza czas przeszły	} zostawiłem
la	{ *la* przedimek określny (na język polski nie tłomaczy się).	} —
baston,o,n	(*baston* kij, laska { *o* oznacza rzeczownik (*n* oznacza przypadek czwarty	} laskę
ĉu	{ *ĉu* czy	} czy
vi	{ *vi* wy, ty	} wy (pan)
ĝi,n	{ *ĝi* ono, to { *n* oznacza przypadek czwarty	} go (jej)
ne	{ *ne* nie	} nie
vid,is?	{ *vid* widzieć { *is* oznacza czas przeszły	} widzieli? } (widział?)

W ten sposób polak dokładnie zrozumie, czego chcę od niego. Jeżeli zechce mi odpowiedzieć, podam mu drugą część słownika (polsko-międzynarodową), w któréj nagłówku wydrukowano co następuje: „Jeżeli chcecie cokolwiek wyrazić w języku międzynarodowym, używajcie tego słownika, szukając słów w nim samym, końcówek zaś dla oznaczenia form gramatycznych w dodatku gramatycznym pod rubryką odnośnéj części mowy". Ponieważ w tym douatku gramatycznym, jak to widać z podręcznika, kompletna gramatyka każdéj części mowy zajmuje nie więcej nad kilka wierszy, to znalezienie końcówki dla wyrażenia odpowiedniéj formy gramatycznéj nie więcéj wymaga czasu niż odszukanie wyrazu w słowniku.

Zwracam uwagę czytelnika na wyłożony punkt, na pozór prosty, lecz mający nader doniosłe znaczenie. Rzecz jasna, że w innym języku nie będziecie w stanie porozumieć się z sobą, nie posiadając tego języka, nawet przy pomocy najlepszego słownika, gdyż, aby korzystać ze słownika jakiegokolwiek z istniejących języków, trzeba przedewszystkiem znać mniéj więcéj ten język. Aby umieć odszukać w słowniku dane słowo, należy znać jego pochodzenie, podczas gdy w mowie każdy wyraz jest w jakiéjkolwiek gramatycznéj odmianie, często zupełnie nie podobnéj do pierwotnéj formy wyrazu, w połączeniu z rozmaitemi przybrankami, przyrostkami i t. p.; dla tego też, nie posiadając uprzednio dostatecznéj znajomości języka, nie znajdziecie żadnego prawie wyrazu w słowniku, a nawet te wyrazy, które znajdziecie, nie dadzą wam żadnego pojęcia o znaczeniu zdania. Tak np. gdybym powyżéj przytoczone proste zdanie napisał po niemiecku: „ich weiss nicht, wo ich den Stock gelassen habe; haben Sie ihn nicht gesehen", to nie znający języka niemieckiego znajdzie w słowniku co następuje: „ja—biały—nie—gdzie—ja—?—laska, piętro—spokojny—majątek—mieć—ona, oni, Pan—?—nie—?—?" I jeśli nawet wyobrazicie sobie język z najidealniej uproszczoną gramatyką, ze stałem, określonem znaczeniem dla każdego wyrazu,— w każdym razie, aby adresat zrozumiał przy pomocy słownika waszą zapiskę, trzebaby było, aby nie tylko nauczył się naprzód gramatyki, lecz aby nabył w niéj dostatecznéj wprawy, celem łatwego orjentowania się i odróżnienia słowa pierwotnego od gramatycznie zmienionego, pochodnego lub złożonego i t. d., t. j. pożytek języka zależałby znowu od ilości adeptów, a w braku tych ostatnich zredukowałby się do zera. Albowiem siedząc np. w wagonie i chcąc zapytać swego sąsiada „jak długo pociąg zatrzymuje się w N." nie zaproponujecie mu chyba, aby nauczył się naprzód gramatyki waszego języka. Lecz mówiąc językiem międzynarodowym, możecie natychmiast porozumieć się z członkiem wszelkiej narodowości choćby nie tylko nie władał tym językiem, ale nawet nigdy o nim nie słyszał. Wszelką książkę, napisaną w języku międzynarodowym, może każdy czytać z łatwością przy pomocy klucza (słownika) bez najmniejszego przygotowania, a nawet bez potrzeby uprzedniego przeczytania jakiejkolwiek przedmowy, objaśniającej użycie klucza (ponieważ do téj broszury dołączone są wzory języka i słownik, czytelnik może się zaraz o tem przekonać), człowiek zaś wykształcony, jak to niżej zobaczymy, rzadko się nawet będzie uciekał do słownika.

Jeżeli chcecie pisać, dajmy na to, do jakiego Hiszpana w Madrycie, ale ani wy jego języka, ani on waszego nie zna, a wątpicie, czy zna on język międzynarodowy lub też czy w ogóle o nim kiedy słyszał,—możecie mimo to śmiało do niego napisać w przeświadczeniu, że was zrozumie. Ponieważ, dzięki opartéj na rozczłonkowaniu wyrazów budowie języka międzynarodowego, cały słownik niezbędny dla stosunków *życia codziennego* zajmuje, jak widać z dołączonego egzemplarza, nie więcej niż ½ arkusza, wchodzi z łatwością do najmniejszéj koperty i nabyć go można za kilka groszy w jakimkolwiek języku, to wystarcza napisać list w języku międzynarodowym, załączyć do listu hiszpański egzemplarz słowniczka,— i adresat z pewnością was zrozumie, albowiem ten słownik nie tylko stanowi wygodny, zupełny klucz do listu, ale i sam objaśnia swe przeznaczenie i sposób użycia. Dzięki jak najobszerniejszéj wzajemnéj połączalności wyrazów, za pomocą tego małego słownika można wyrazić wszystko, co jest niezbędnem w życiu powszechnem; rozumie się jednak, że wyrazy rzadko używane, wyrazy techniczne (a również wyrazy cudzoziemskie, które, jak przypuszczać należy, znane są powszechnie, np. tabaka, teatr, fabryka i t. p.) zostały w nim opuszczone, jeżeli przeto wypadnie wam koniecznie użyć podobnych wyrazów, a zamienić je na inne będzie rzeczą niemożliwą, wtedy trzeba się będzie uciec do słownika *kompletnego*, którego wszakże nie potrzeba posyłać adresatowi: możecie przy wzmiankowanych słowach załączać tylko w nawiasach przekład tychże na język adresata.

b) Tak więc dzięki wyłuszczonéj budowie języka mogę porozumiewać się w nim z kimkolwiek zechcę. Jedyna niewygoda (zanim język ten powszechnie przyjętym zostanie) na tem tylko polegać będzie, że będę zmuszony za każdym razem czekać, dopóki mój interlokutor nie zanalizuje mych myśli. Aby i tę niedogodność możliwie usunąć (przynajmniéj w obcowaniu z ludźmi wykształconymi), postąpiłem w sposób następujący: ułożyłem słownik nie dowolnie, lecz, o ile się tylko dało, z wyrazów znanych całemu wykształconemu światu. Tak *np.* słowa zarówno używane we wszystkich językach cywilizowanych pozostawiłem bez wszelkiéj zmiany, z wyrazów zaś rozmaicie brzmiących w różnych językach, wziąłem albo wspólne dwom lub trzem głównym językom europejskim, albo też należące tylko do jednego, lecz popularne i u pozostałych narodów. Jeżeli dany wyraz brzmi w każdym języku inaczej, to starałem się znaleźć wyraz, któryby tamtemu *przybliżenie* tylko odpowiadał swem znaczeniem, albo też rzadziej był używany, lecz zato znany był wybitniejszym narodom (np. wyraz „blizki", w każdym języku brzmi inaczej, lecz dość wziąć łaciński wyraz „najbliższy" (proximus), a okaże się, że w rozmaitych modyfikacjach używany jest we wszystkich ważniejszych językach; jeżeli zatem słowo „blizki" nazwę „proksim", to zrozumie mnie mniej więcej każdy wykształcony człowiek); w innych zaś wypadkach czerpałem zazwyczaj z języka łacińskiego, jako na wpół międzynarodowego. (Odstępowałem od tych reguł

2

83

tylko tam, gdzie tego wymagały szczególne względy jak *np.* unikanie homonymów, prostota ortografji i t. p.). W ten sposób, korespondując z średnio wykształconym europejczykiem, który się nigdy nie uczył języka międzynarodowego, mogę być przekonanym, że zrozumie mię bez potrzeby ciągłego radzenia się słownika, do którego uciekać się będzie jedynie przy wyrazach wątpliwych.

Dla przekonania czytelnika o prawdziwości wszystkiego, com powyżej powiedział, załączam wzory języka międzynarodowego *).

I. Patr,o ni,a.

Patr,o ni,a, kiu est,as en la ĉiel,o, sankt,a est,u Vi,a nom,o, ven,u reĝ,ec,o Vi,a, est,u vol,o Vi,a, kiel en la ĉiel,o, tiel ankaŭ sur la ter,o. Pan,o,n ni,a,n ĉiu,tag,a,n don,u al ni hodiaŭ kaj pardon,u al ni ŝuld,o,j,n ni,a,j,n kiel ni ankaŭ pardon,as al ni,a,j ŝuld,an,t,o,j; ne konduk,u ni,n en tent,o,n, sed liber,ig,u ni,n de la mal,ver,a, ĉar Vi,a est,as la reg,ad,o, la fort,o kaj la glor,o etern,e. Amen!

II. El la Bibli,o.

Je la komenc,o Di,o kre,is la ter,o,n kaj la ĉiel,-o,n. Kaj la ter,o est,is sen,form,a kaj dezert,a, kaj mal,lum,o est,is super la profund,aĵ,o, kaj la anim,o de Di,o si,n port,is super la akv,o. Kaj Di,o dir,is: est,u lum,o; kaj far,iĝ,is lum,o. Kaj Di,o vid,is la

---

*) W utworach, przeznaczonych wyłącznie dla osób posiadających język międzynarodowy, kreski między częściami słów mogą być wypuszczane.

lum,o,n, ke ĝi est,as bon,a, kaj nom,is Di,o la lum,-
o,n tag,o, kaj la mal,lum,o,n Li nom,is nokt,o. Kaj
est,is vesper,o, kaj est,is maten,o—unu tag,o. Kaj
Di,o dir,is: est,u firm,aĵ,o inter la akv,o, kaj ĝi
apart,ig,u akv,o,n de akv,o. Kaj Di,o kre,is la
firm,aĵ,o,n kaj apart,ig,is la akv,o,n kiu est,as sub
la firm,aĵ,o de la akv,o kiu est,as super la firm,-
aĵ,o; kaj far,iĝ,is tiel. Kaj Di,o nom,is la firm,aĵ,-
o,n ĉiel,o. Kaj est,is vesper,o, kaj est,is maten,o—
la du,a tag,o. Kaj Di,o dir,is: kolekt,u si,n la
akv,o de sub la ĉiel,o unu lok,o,n, kaj montr,u
si,n sek,aĵ,o; kaj far,iĝ,is tiel. Kaj Di,o nom,is la
sek,aĵ,o,n ter,o, kaj la kolekt,o,j,n de la akv,o Li
nom,is mar,o,j.

III. Leter,o.

Kar,a amik,o!
Mi prezent,as al mi kia,n vizaĝ,o,n vi far,os
post la ricev,o de mi,a leter,o. Vi rigard,os la
sub,skrib,o,n kaj ek,kri,os: „ĉu li perd,is la saĝ,-
o,n?! Je kia lingv,o li skrib,is? Kio,n signif,as
la foli,et,o, kiu,n li al,don,is al si,a leter,o?" Tran-
kvil,iĝ,u, mi,a kar,a! Mi,a saĝ,o, kiel mi almenaŭ
kred,as, est,as tut,e en ord,o.
Mi leg,is antaŭ kelk,a,j tag,o,j libr,et,o,n sub
la nom,o „Lingv,o inter,naci,a". La aŭtor,o kred,-
ig,as, ke per tiu lingv,o oni pov,as est,i kom-
pren,at,a de la tut,a mond,o, se eĉ la adres,it,o
ne sol,e ne sci,as la lingv,o,n, sed eĉ ankaŭ ne
aŭd,is pri ĝi; oni dev,as sol,e al,don,i al la le-
ter,o mal,grand,a,n foli,et,o,n nom,at,a,n „vort,ar,o".
Dezir,ant,e vid,i, ĉu tio est,as ver,a, mi skrib,as

85

al vi en tiu lingv,o, kaj mi eĉ unu vort,o,n ne
al,met,as en ali,a lingv,o, tiel kiel se ni tut,e
ne kompren,us unu la lingv,o,n de la ali,a. Re-
spond,u al mi, ĉu vi efektiv,e kompren,is kio,n
mi skrib,is. Se la afer,o propon,it,a de la aŭto-
r,o est,as efektiv,e bon,a, oni dev,as per ĉiu,j
fort,o,j li,n help,i. Kian mi hav,os vi,a,n respond,-
o,n, mi send,os al vi la libr,et,o,n; montr,u ĝi,n
al ĉiu,j loĝ,ant,o,j de vi,a urb,et,o, send,u ĝi,n
ĉiu,n vilaĝ,o,n ĉirkaŭ la urb,et,o, ĉiu,n urb,o,n kaj
urb,et,o,n, kie vi nur hav,as amik,o,j,n aŭ kon,at,-
o,j,n. Est,as neces,e ke grand,eg,a nombr,o da per-
son,o,j don,u si,a,n voĉ,o,n—tian post la plej mal,-
long,a temp,o est,os decid,it,a afer,o, kiu pov,as
port,i grand,eg,a,n util,o,n al la hom,a societ,o.

IV. Mi,a pens,o.

Sur la kamp,o, for de l'mond,o,
Antaŭ nokt,o de somer,o
Amik,in,o en la rond,o
Kant,as kant,o,n pri l'esper,o.
Kaj pri viv,o detru,it,a
Ŝi rakont,as kompat,ant,e,—
Mi,a vund,o re,frap,it,a
Mi,n dolor,as re,sang,ant,e.

*   *   *

„Ĉu vi dorm,as? Ho, sinjor,o;
Kial tia sen,mov,ec,o?
Ha, kred,ebl,e re,memor,o
El la kar,a infan,ec,o?"

Kio,n dir,i ? Ne plor,ant,a
Pov,is est,i parol,ad,o
Kun fraŭl,in,o ripoz,ant,a
Post somer,a promen,ad,o !

*   *
*

Mi,a pens,o kaj turment,o,
Kaj dolor,o,j kaj esper,o,j !
Kiom de mi en silent,o
Al vi ir,is jam ofer,o,j !
Kio,n hav,is mi plej kar,a,n—
La jun,ec,o,n—mi plor,ant,a
Met,is mem sur la altar,o,n
De la dev,o ordon,ant,a !

*   *
*

Fajr,o,n sent,as mi intern,e,
Viv,i ankaŭ mi dezir,as,—
Io pel,as mi,n etern,e,
Se mi al gaj,ul,o,j ir,as...
Se ne plaĉ,as al la sort,o
Mi,a pen,o kaj labor,o —
Ven,u tuj al mi la mort,o,
En esper,o—sen dolor,o!

V. El Heine'.

En sonĝ,o princ,in,o,n mi vid,is
Kun vang,o,j mal,sek,a,j de plor,o,—
Sub arb,o, sub verd,a ni sid,is
Ten,ant,e si,n kor,o ĉe kor,o.

*   *
*

„De l'patr,o de l'vi,a la kron,o
Por mi ĝi ne est,as hav,ind,a!
For, for li,a sceptr,o kaj tron,o—
Vi,n mem mi dezir,as, am,ind,a!"

*   *   *

— „Ne ebl,e!" ŝi al mi re,dir,as:
„En tomb,o mi est,as ten,at,a,
Mi nur en la nokt,o el,ir,as
Al vi, mi,a sol,e am,at,a!"

VI. Ho, mi,a kor'.

Ho, mi,a kor', ne bat,u mal,trankvil,e,
El mi,a brust,o nun ne salt,u for!
Jam ten,i mi,n ne pov,as mi facil,e
Ho, mi,a kor'!

*   *   *

Ho, mi,a kor'! Post long,a labor,ad,o
Ĉu mi ne vink,os en decid,a hor'!
Sufiĉ,e! trankvil,iĝ,u de l'bat,ad,o,
Ho, mi,a kor'!

III.

Skończyłem analizę głównych właściwości mego
języka; wykazałem jaką korzyść odniosą zeń ci, któ-
rzy się go nauczą; wykazałem, że powodzenie jego
nie jest bynajmniéj zależnem od zachowania się wzglę-
dem niego ogółu, że rzeczywiście ma prawo nazy-
wać się językiem międzynarodowym, gdyby nawet
nikt zgoła słyszeć o nim nie chciał, że rzeczywiście

każdemu, kto się go nauczył, daje możność porozumiewania się z osobą jakiéjkolwiek narodowości, byle ta osoba była tylko piśmienną. Ale język mój ma inne jeszcze zadanie: nie zadawalniając się *między-narodowością*, powinien nadto stać się *powszechnym* t. j. dopiąć tego, aby większość ludzi piśmiennych umiała nim z łatwością *mówić*. Liczyć w téj sprawie na poparcie ogółu — byłoby to budować gmach na chwiejnym, fantastycznym fundamencie, albowiem przeważna większość ogółu niczego popierać nie lubi i chciałaby wszystko mieć gotowem. Usiłowałem przeto znaleźć środki dopięcia celu niezależnie od poparcia ogółu. Jeden z tych środków, który szczegółowiej wyłożę, jest czemś w rodzaju *głosowania powszechnego*.

Gdyby się czytelnik dobrze zastanowił nad wszystkiem, com powyżéj powiedział, powinien byłby przyjść do wniosku, że nauczenie się języka międzynarodowego jest dlań *bezwarunkowo korzystnem* i zupełnie dostatecznie wynagradza niewielką pracę, którą w tym celu poświęcić należy. Mógłbym się przeto spodziewać, że z samego zaraz początku język mój zostanie przyjęty przez całe massy ludzi. Woląc wszakże być przygotowanym na najmniej pomyślne okoliczności, aniżeli łudzić się zbyt różową nadzieją, przypuszczam, że na razie znajdzie się bardzo niewielu takich ludzi, że nieliczna tylko garstka uzna mój język za *dostatecznie korzystny*, a dla *zasady nikt* ani jednéj godzinki nie poświęci; że znaczna większość mych czytelników albo zupełnie na rzecz tę nie zwróci uwagi, albo powątpiewając, czy praca się opłaci, nie zdecyduje się na nauczenie się mego języka z obawy, aby ich kto nie nazwał marzycielami (przydomek, którego obecnie

89

większa część ludzi boi się gorzéj niż ognia). Czego więc trzeba, aby zmusić ten ogromny zastęp obojętnych i niezdecydowanych do nauczenia się języka międzynarodowego?

Jeżeli, że tak powiem, zajrzymy w głąb' duszy każdego z tych obojętnych, to dowiemy się co następuje: zasadniczo przeciw wprowadzeniu języka międzynarodowego nikt nie ma nic do zarzucenia, przeciwnie, wszyscy byliby z tego bardzo zadowoleni. Natomiast każdy by chciał, aby bez *najmniejszéj pracy lub poświęcenia się* z jego strony odrazu pewnego pięknego poranku okazało się, że większość ludzi piśmiennych posiada język międzynarodowy; wtedy, naturalnie, osoba najwięcej obojętna zabrałaby się do nauki tego języka, albowiem żałować bagatelnéj pracy na nauczenie się języka, posiadającego powyżej wyłuszczone zalety, i na domiar uznanego i przyjętego przez większą część piśmiennych, byłoby już *wtedy* poprostu *głupotą.*

Aby, nie wymagając najmniejszéj inicjatywy z czyjejkolwiek strony, dać ogółowi rzecz gotową, aby bez najmniejszéj pracy, lub ofiary z czyjéjbądź strony okazało się pewnego pięknego poranku, że znaczna część ludzi piśmiennych nauczyła się, albo publicznie obiecała nauczyć się języka międzynarodowego, — postępuję w sposób następujący:

Niniejsza broszura rozejdzie się po całym świecie. Nie wymagając ani nauczenia się języka, ani żadnego zgoła nakładu pracy, czasu lub pieniędzy, proszę każdego czytelnika, aby wziął na minutę pióro, wypełnił jeden z załączonych poniżej blankietów i nadesłał go mnie. Treść blankietu jest następująca:

"Ja niżej podpisany obiecuję nauczyć się proponowanego przez d-ra Esperanto języka międzynarodowego, jeżeli się okaże, że dziesięć miljonów ludzi uczyniło publicznie takąż obietnicę". Następuje podpis i pieczęć *), a na drugiéj stronie blankietu wyraźnie wypisane całe imię i nazwisko · i dokładny adres.

Ktoby miał zasadniczy powód do czynienia zarzutów przeciw językowi międzynarodowemu, niechaj przyśle wzmiankowany blankiet z zakreślonym tekstem i z napisem „*kontraŭ*" (przeciw). Kto *w każdym razie* chce się nauczyć języka, nie zważając na ilość adeptów, ten niech zakreśli drugą połowę tekstu i dopisze „*sen,kondiĉe*" (bezwarunkowo).

Podpisanie powyższéj obietnicy nie wymaga najmniejszéj ofiary lub pracy, a w razie niepowodzenia sprawy do niczego nie obowiązuje; obowiązuje jedynie do nauczenia się języka, jeżeli się go nauczy dziesięć miljonów innych osób piśmiennych: wówczas wszakże będzie to ze strony podpisanego nie ofiarą, lecz rzeczą, do któréj nie omieszkałby się zabrać bez wszelkiego zobowiązania. Tymczasem przez podpisanie blankietu, każdy, nic osobiście nie ryzykując, przyśpieszy urzeczywistnienie tradycyjnego ideału ludzkości.

Gdy ilość nadesłanych podpisów dojdzie do dziesięciu miljonów, wtedy wszystkie nazwiska i adresa ogłoszone zostaną w cddzielnéj księdze, a nazajutrz po wyjściu księgi okaże się, że dziesięć miljonów

---

*) Osoby nie posiadające własnéj pieczęci mogą korzystać z pieczęci innéj osoby, która w takim razie ręczy za wierzytelność podpisu.

lub więcej ludzi zobowiązało się publicznie do nauki języka międzynarodowego — i kwestja będzie rozstrzygniętą.

Dla każdéj sprawy można *zbierać* podpisy, lecz niewielu zgodzi się *dać* swój podpis, choćby sprawa była nader szczytną i pożyteczną dla ogółu. Jeżeli wszakże ten podpis, przyczyniając się do urzeczywistnienia podniosłego ideału, nie obowiązuje podpisanego do żadnéj zgoła materjalnéj lub moralnéj ofiary, do żadnych zachodów, wtedy słusznie możemy się spodziewać, że nikt nie odmówi swego podpisu. W takim bowiem razie odmowa nie byłaby opieszałością, lecz *przestępstwem*, nie niedbałem zachowaniem się względem sprawy dotyczącej ogółu, lecz *umyślnem tamowaniem* jej rozwoju; w takim razie odmowę można byłoby jedynie objaśnić obawą arystokracji rodowéj, naukowéj lub pieniężnéj, aby jej nazwisko nie znalazło się obok nazwisk osób niższych klas społecznych. Spodziewam się wszakże, że mało znajdzie się osób, któreby się dla marnéj dumy zdecydowały tamować doniosłą, dobra ogółu dotyczącą sprawę. Nie ulega wątpliwości, że przeciwko wprowadzeniu języka międzynarodowego *w ogóle* nikt nic nadmienić nie może; jeżeli zaś kto nie aprobuje języka międzynarodowego *w téj formie, w jakiej przezemnie przedstawiony został*, niechaj zamiast powyższej obietnicy nadeśle protest, ale podać w ogóle *jakikolwiek głos* w téj sprawie jest obowiązkiem każdego człowieka piśmiennego wszelkiego wieku, płci i zawodu, tembardziej, że podanie tego głosu wymaga kilku tylko minut na wypełnienie gotowego blankietu i kilku groszy kosztów przesyłki.

Niczém nie dadzą się na przyszłość usprawiedliwić w obec społeczeństwa te osoby, których nazwiska nie znajdą się w księdze głosowania, ani w oddziale zwolenników, ani w oddziale przeciwników. Niech nikt nie spodziewa się uniewinnić się później wymówką, że „nie słyszał" o proponowanem głosowaniu. Redakcje wszystkich pism perjodycznych proszę o ogłoszenie treści mego wezwania; każdą osobę pojedyńczą proszę o zakomunikowanie méj propozycji przyjaciołom i znajomym.

Oto wszystko co uważałem za niezbędne nadmienić w rzeczonéj sprawie. Daleki jestem od myśli, że język mój tak jest doskonałym, iż odeń nic już lepszego i doskonalszego być nie może, starałem się wszakże, ile tylko mogłem, zadość uczynić wszystkim wymaganiom, którym odpowiadać powinien język międzynarodowy i wtedy dopiero, gdy mi się udało rozwiązać wszystkie postawione przezemnie problemata (ze względu na rozmiary niniejszej broszury mówiłem tylko o najistotniejszych), po długoletnich studjach nad tą kwestją zdecydowałem się wystąpić publicznie. Ale jestem człowiekiem—i mogłem się omylić, mogłem popełnić jakiś błąd nie do przebaczenia, mogłem nie przyswoić językowi czegoś, coby dla niego bardzo było pożytecznem. Dlatego też przed wydrukowaniem obszernych słowników,

93

przed przystąpieniem do wydawnictwa pism, książek i t. d. — pracę mą przedstawiam na rok sądowi publiczności i zwracam się do całego świata piśmiennego z prośbą o nadesłanie mi opinji o proponowanym przezemnie języku. Niechaj mi każdy listownie zakomunikuje, jakie zmiany, ulepszenia, dopełnienia etc. uważa za niezbędne. Z nadesłanych mi wskazówek, z wdzięcznością skorzystam z tych, które okażą się rzeczywiście i niewątpliwie pożytecznemi, nie nadwyrężając zasadniczych właściwości języka, t. j. łatwości nauczenia się go i bezwarunkowéj przydatności do stosunków międzynarodowych, niezależnie od ilości adeptów. Po tych możliwych zmianach, które w takim razie ogłoszone zostaną w osobnej broszurce, język otrzyma ostateczną stałą formę. Gdyby się komu te poprawki wydały niewystarczającemi, ten niech nie zapomina, że język i nadal nie zostanie zamkniętym dla wszelkich ulepszeń, z tą różnicą jedynie, że wówczas prawo czynienia zmian nie do mnie już należeć będzie, lecz do uznanéj przez ogół akademji tego języka. Trudno jest stworzyć język międzynarodowy i wprowadzić go w użycie; oto dla czego na *to* obecnie główną należy zwrócić uwagę; skoro zaś tylko język przyjętym zostanie i wejdzie w powszechne użycie, wtedy stała akademja specjalna może łatwo wprowadzić stopniowo i niepostrzeżenie wszelkie niezbędne poprawki, choćby wypadło z czasem zmienić język nie do poznania. Dla tego też pozwalam sobie prosić tych czytelników, którzyby dla jakiegokolwiek powodu byli niezadowoleni z mego języka, aby przysłali protesty zamiast obietnic w tym tylko razie, gdyby ich do tego skłoniły przyczyny *poważne*, gdyby znaleźli w języku strony szkodliwe, nie dające się zmienić na przyszłość.

Pracę, która kosztowała mnie wiele czasu i zdrowia, polecam teraz łaskawéj uwadze ogółu. Spodziewam się, że każdy, komu są drogie interesy ludzkości, poda mi dłoń pomocną i poprze proponowaną przezemnie sprawę, o ile to będzie w jego mocy. Okoliczności wskażą każdemu, czem może być pożyteczny dla sprawy; pozwalam sobie tylko zwrócić uwagę przyjaciół języka międzynarodowego, że najważniejszym punktem, ku któremu powinny być skierowane nasze spojrzenia—jest powodzenie głosowania. Niech każdy czyni co może, a w krótkim bardzo czasie będziemy posiadali to, o czem tak dawno już marzą ludzie — *język powszechny*.

☞ Autor prosi uprzejmie czytelnika, aby zechciał wypełnić i nadesłać mu jeden z załączonych poniżej blankietów, a inne rozdać w tym samym celu przyjaciołom i znajomym.

Promes,o.

Mi, sub,skrib,it,a, promes,as el,lern,i la propon,it,a,n de d-r,o Esperanto lingv,o,n inter,naci,a,n, se est,os montr,it,a, ke dek milion,o,j person,o,j don,is publik,e tia,n sam,a,n promes,o,n.

Sub,skrib,o:

Promes,o.

Mi, sub,skrib,it,a, promes,as el,lern,i la propon,it,a,n de d-r,o Esperanto lingv,o,n inter,naci,a,n, se est,os montr,it,a, ke dek milion,o,j person,o,j don,is publik,e tia,n sam,a,n promes,o,n.

Sub,skrib,o:

Promes,o.

Mi, sub,skrib,it,a, promes,as el,lern,i la propon,it,a,n de d-r,o Esperanto lingv,o,n inter,naci,a,n, se est,os montr,it,a, ke dek milion,o,j person,o,j don,is publik,e tia,n sam,a,n promes,o,n.

Sub,skrib,o:

Promes,o.

Mi, sub,skrib,it,a, promes,as el,lern,i la propon,it,a,n de d-r,o Esperanto lingv,o,n inter,naci,a,n, se est,os montr,it,a, ke dek milion,o,j person,o,j don,is publik,e tia,n sam,a,n promes,o,n.

Sub,skrib,o:

Nom,o:

Adres,o:

Nom,o:

Adres,o:

Nom,o:

Adres,o:

Nom,o:

Adres,o:

Promes,o.

Mi, sub,skrib,it,a, promes,as el,lern,i la propon,it,a,n de d-r,o Esperanto lingv,o,n inter,naci,a,n, se est,os montr,it,a, ke dek milion,o,j person,o,j don,is publik,e tia,n sam,a,n promes,o,n.

Sub,skrib,o:

Promes,o.

Mi, sub,skrib,it,a, promes,as el,lern,i la propon,it,a,n de d-r,o Esperanto lingv,o,n inter,naci,a,n, se est,os montr,it,a, ke dek milion,o,j person,o,j don,is publik,e tia,n sam,a,n promes,o,n.

Sub,skrib,o:

Promes,o.

Mi, sub,skrib,it,a, promes,as el,lern,i la propon,it,a,n de d-r,o Esperanto lingv,o,n inter,naci,a,n, se est,os montr,it,a, ke dek milion,o,j person,o,j don,is publik,e tia,n sam,a,n promes,o,n.

Sub,skrib,o:

Promes,o.

Mi, sub,skrib,it,a, promes,as el,lern,i la propon,it,a,n de d-r,o Esperanto lingv,o,n inter,naci,a,n, se est,os montr,it,a, ke dek milion,o,j person,o,j don,is publik,e tia,n sam,a,n promes,o,n.

Sub,skrib,o:

Nom,o:

Adres,o:

Nom,o:

Adres,o:

Nom,o:

Adres,o:

Nom,o:

Adres,o:

PODRĘCZNIK KOMPLETNY

JĘZYKA MIĘDZYNARODOWEGO.

A) Abecadło.

A a, B b, C c, Ĉ ĉ, D d, E e, F f,
a   b   c   cz   d   e   f

G g, Ĝ ĝ, H h, Ĥ ĥ, I i, J j, Ĵ ĵ,
g   dż   h   ch   i   j   ż

K k, L l, M m, N n, O o, P p, R r,
k   l   m   n   o   p   r

S s, Ŝ ŝ, T t, U u, Ŭ ŭ, V v, Z z.
s   sz   t   u   u (krótkie)   w   z.

B) Części mowy.

1) *Przedimka* nieokreślnego nie ma; jest tylko określny *la*, wspólny dla wszystkich rodzajów, przypadków i liczb.

2) *Rzeczownik* kończy się zawsze na *o*. Dla utworzenia liczby mnogiéj dodaje się końcówka *j*. Przypadków jest dwa: mianownik (nominativus) i biernik (accusativus); ten ostatni powstaje z mianownika przez dodanie zakończenia *n*. Resztę przypadków oddaje się za pomocą przyimków (dla dopełniacza (genitivus)—*de* (od), dla celownika (dativus)—*al* (do), dla narzędnika (instrumentalis) — *kun* (z), lub inne przyimki odpowiednio do znaczenia. *Przykłady: patr,o* ojciec, *al patr,o* ojcu, *patr,o,n* ojca (przypadek czwarty), *por patr,o,j* dla ojców, *patr,o,j,n* ojców (przyp. czwarty).

3) *Przymiotnik* zawsze kończy się na *a*. Przypadki i liczby też same co dla rzeczownika. Stopień wyższy tworzy się przez dodanie wyrazu *pli* (więcéj), a najwyższy przez dodanie *plej* (najwięcéj); wyraz „niż" tłómaczy się przez *ol. Przykład: Pli blank,a ol neĝ,o* bielszy od śniegu.

4) *Liczebniki* główne nie odmieniają się: *unu* (1), *du* (2), *tri* (3), *kvar* (4), *kvin* (5), *ses* (6), *sep* (7), *ok* (8), *naŭ* (9), *dek* (10), *cent* (100), *mil* (1000).

Dziesiątki i setki tworzą się przez proste połączenie liczebników. Dla utworzenia liczebników porządkowych dodaje się końcówka przymiotnika, dla wielorakich — przyrostek *obl*, dla ułamkowych — *on*, dla zbiorowych — *op*, dla podziałowych — wyraz *po*. Prócz tego mogą być liczebniki rzeczowne i przysłówkowe. *Przykłady: Kvin,cent tri,dek tri* = 533; *kvar,a* czwarty; *unu,o* jednostka; *du,e* powtóre; *tri,obl,a* potrójny, trojaki; *kvar,on,o* czwarta część; *du,op,e* we dwoje; *po kvin* po pięć.

5) *Zaimki* osobiste: *mi* (ja), *vi* (wy, ty) *li* (on), *ŝi* (ona), *ĝi* (ono; o rzeczy lub zwierzęciu), *si* (siebie), *ni* (my), *ili* (oni, one), *oni* (zaimek nieosobisty liczby mnogiéj); dzierżawcze tworzą się przez dodanie końcówki przymiotnika. Zaimki odmieniają się jak rzeczowniki. *Przykłady: mi,n* mnie (przyp. czwarty); *mi,a* mój.

6) *Słowo* nie odmienia się przez osoby i liczby. (*Np.*: *mi far,as* ja czynię, *la patr,o far,as* ojciec czyni, *ili far,as* oni czynią). Formy słowa:

a) Czas teraźniejszy ma zakończenie *as.* (Przykład: *mi far,as* ja czynię).

b) Czas przeszły — *is* (*li far,is* on czynił)·

c) Czas przyszły — *os* (*ili far,os* oni będą czynili).

ĉ) Tryb warunkowy—*us* (*ŝi far,us* ona by czyniła).

103

ð) Tryb rozkazujący— *u* *(far,u* czyń, czyńcie).

e) Tryb bezokoliczny—*i* *(far,i* czynić).

Imiesłowy (odmienne i nieodmienne):

f) Imiesłów czynny czasu teraźniejszego — *ant* *(far,ant,a* czyniący, *far,ant,e* czyniąc).

g) Imiesłów czynny czasu przeszłego —*int* *(far,int,a* który uczynił).

ĝ) Imiesłów czynny czasu przyszłego — *ont* *(far,-ont,a* który uczyni).

h) Im. bierny czasu teraźn. — *at* *(far,at,a* czyniony).

ħ) Im. bierny czasu przeszłego — *it* *(far,it,a* uczyniony).

i) Im. bierny czasu przyszłego — *ot* *(far,ot,a* mający być uczynionym).

Wszystkie formy strony biernéj tworzą się zapomocą odpowiedniéj formy słowa *est* być i imiesłowu biernego czasu teraźniejszego danego słowa; używa się przytem przyimka *de* (np. *ŝi est,as am,at,a de ĉiu,j*—ona kochana jest przez wszystkich).

7) *Przysłówki* mają zakończenie *e*. Stopniowanie podobnem jest do stopniowania przymiotników (np. *mı,a frat,o plı bon,e kant,as ol mi*—brat mój lepiej śpiewa odemnie).

8) *Przyimki* rządzą wszystkie przypadkiem pierwszym.

C) Prawidła ogólne.

1) Każdy wyraz tak się czyta, jak się pisze.

2) Akcent pada zawsze na przedostatnią zgłoskę.

3) Wyrazy złożone tworzą się przez proste połączenie wyrazów (główny na końcu), które należy pisać razem, ale oddzielać jeden od drugiego kréską. Końcówki gramatyczne uważane są za samoistne wyrazy. *Przykład: vapor͵ŝip͵o*, parostatek — z *vapor* para, *ŝip* okręt, *o*—końcówka rzeczownika.

4) Przy innym przeczącym wyrazie opuszcza się przysłówek przeczący *ne* (np. *mi nenian vid͵is* nigdy nie widziałem).

5) Na pytanie „dokąd" wyrazy przybierają końcówkę przypadku czwartego (np. *tie* tam (w tamtem miejscu)—*tie͵n* tam (do tamtego miejsca); *Varsovi͵o͵n* do Warszawy).

6) Każdy przyimek ma określone, stałe znaczenie; jeżeli należy użyć przyimka w wypadkach, gdzie wybór jego nie wypływa z natury rzeczy, używany bywa przyimek *je*, który nie ma samoistnego znaczenia (np. *ĝoj͵i je tio* cieszyć się z tego; *mal͵san͵a je la okul͵o͵j* chory *na* oczy; *enu͵o je la patr͵uj͵o* tęsknota *za* ojczyzną i t. p. Jasność języka wcale wskutek tego nie szwankuje, albowiem w tym razie wszystkie języki używają jakiegokolwiek przyimka,

105

byle go tylko zwyczaj uświęcił; w języku zaś międzynarodowym sankcja we wszystkich podobnych wypadkach nadaną została *jednemu* tylko przyimkowi *je*). Zamiast przyimka *je* używać też można przypadku czwartego bez przyimka tam, gdzie nie zachodzi obawa dwuznaczności.

7) Tak zwane wyrazy „cudzoziemskie" t. j. takie, które większość języków przyjęła z jednego obcego źródła, nie ulegają w języku międzynarodowym żadnéj zmianie, lecz otrzymują tylko pisownię międzynarodową; przy rozmaitych wszakże wyrazach jednego źródłosłowu, lepiéj używać bez zmiany tylko wyrazu pierwotnego, a inne tworzyć według prawideł języka międzynarodowego (np. *teatr,o*—*teatr*, lecz *teatralny*— *teatr,a*).

8) Końcówkę rzeczownika i przedimka można opuścić i zastąpić apostrofem (np. *Ŝiller'* zam. *Ŝiller,o; de l'mond,o* zamiast *de la mond,o*).

———◁⊃◯◯◯⊂▷———

co napisano w języku międzynarodowym, można zrozumieć przy pomocy tego słownika. Wyrazy, stanowiące razem jedno pojęcie, piszą się razem,

lecz oddzielone są kréską pionową; tak np. wyraz „frat1n,o," stanowiący jedno pojęcie, złożony jest z trzech wyrazów, z których każdego należy szukać oddzielnie.

SŁOWNIK
MIĘDZYNARODOWO-POLSKI.

Vortaro por Poloj.

A (A).   **B (B).**   **C (C).**   **Ĉ (CZ).**   **D (D).**   **E (E).**   **F (F).**   **G (G).**   **Ĝ (DŻ).**   **H (H).**   **I (I).**   **J (J).**   **Ĵ (Ż).**   **K (K).**   **L (L).**

NINIEJSZA BROSZURA WYJDZIE WKRÓTCE

w językach:

FRANCUZKIM i NIEMIECKIM.

WYSZŁA ZAŚ JUŻ W JĘZYKU ROSSYJSKIM.

———◄■►———

☞ Każdemu służy prawo tłumaczenia niniejszej broszury na wszystkie pozostałe języki.

———◄■►———

일련 번호 보기

초판의 발행 부수는 500부이며,
귀하의 책은 제   번째 입니다.

497